Editorial

Liebe Leserinnen, liebe Leser,

nun halten Sie die erste SOMMERGRAS-Ausgabe des neuen Jahres in Händen, und wieder erwarten Sie viele, lesenswerte Beiträge. In diesem Jahr feiert das deutschsprachige Haiku einen stolzen Geburtstag: Vor 100 Jahren wurden zum ersten Mal Haiku in deutscher Sprache in einer Berliner Zeitschrift publiziert. Moritz Wulf Lange würdigt dieses Ereignis in einer Essay-Reihe, die in diesem Heft beginnt. Auch Conrad Miesen blickt für uns zurück, und zwar auf die Vergangenheit der Deutschen Haiku-Gesellschaft, und überrascht uns mit exzentrischen Haiku aus den Gründerjahren. Mit Klaus-Dieter Wirth tauchen wir dieses Mal in die irische Haiku-Welt ein. Freuen Sie sich auf die neuen Inhalte der gewohnten Rubriken und erfahren Sie von Claudia Brefeld, was es mit dem Begriff „Fūryū" auf sich hat.

Und wenn Sie jetzt umblättern, wird Sie der Aufruf der DHG zu einem ungewöhnlichen Buch-Projekt überraschen und vielleicht beflügeln.

Blütenschnee
eine andere Welt
ist möglich

Eleonore Nickolay

Einen bunten Frühling wünscht Ihnen

Ihre Eleonore Nickolay

Inhalt

„Auf den Geschmack gekommen"
Öffentlicher Wettbewerb der DHG

Köstlich! DHG-Mitglied Beate Waszner servierte die Idee frisch auf den Tisch, der Vorstand fand sogleich Geschmack daran, hat angebissen, und nun wollen wir gemeinsam mit Ihnen etwas bisher Einmaliges zubereiten, nämlich ein

Haiku-Kochbuch

Die Idee: mit Ihren originellen regionalen Rezepten ein buntes Kochbuch gestalten - garniert mit feinen Haiku aus Ihrer Feder zum Thema „Essen und Trinken". Das Thema ist so vielseitig wie Speis und Trank selbst und geht über Vor-, Haupt- und Nachspeise, Kuchen, Bier, Sekt und Cocktails weit hinaus. Unsere frühesten Kindheitserinnerungen werden bei einem bestimmten Geschmack oder Geruch geweckt, zum Beispiel, wenn wir bei Zimt an Omas Weihnachtsplätzchen denken. Feiertage und Feste verbinden wir oft mit bestimmten Gerichten und Getränken, aber auch mit Erinnerungen an Familienfeiern oder Zusammenkünfte mit Freunden. Vieles geschieht um den Esstisch herum, manches brennt uns auf der Zunge, aber geben wir es auch preis? Und da gibt es dann noch das erste Rendezvous bei Kerzenschein, die Hochzeitstorte, aber auch Kaffee und Kuchen nach einer Beerdigung. Auch nicht zu vergessen ist das Vergnügen beim Ernten von eigenem Gemüse und Obst, das Abwägen einer Frucht auf dem Markt, eine Kostprobe beim Heurigen … zu diesem bunten Menü an Themen können Haiku eingereicht werden.

Und wie funktioniert das jetzt konkret? Sehr einfach. Bitte schicken Sie uns maximal drei Haiku und **fakultativ** das Rezept einer **originellen** regionalen Speise (Vorspeise/Hauptspeise/Nachtisch/Kuchen) oder eines Getränks mit jeweils einem oder mehreren passenden Foto(s) dazu. Aus diesen Zutaten wählt eine Jury aus und bereitet daraus das Kochbuch zu.

Einsendungen von Haiku, Rezept und Foto bitte an

frank.sauer@dhg-vorstand.de
Stichwort: Haiku-Kochbuch
Einsendeschluss ist der 31. Juli 2025

Wir wollen nichts anbrennen lassen und das Kochbuch bis Dezember 2025, rechtzeitig zum Weihnachtsfest also, servierfertig haben. Über weitere Details, wie etwa Buchformat und Projektstand, werden wir Sie in SOMMERGRAS auf dem Laufenden halten. Wir hoffen, Sie auf den Geschmack gebracht zu haben und erwarten Ihre Einsendungen mit großem Appetit!

Haiga: Angelika Hohlweger

KreAktiv

Haiku KreAktiv

Der Blick in den Schlund eines Molochs, einer monströsen Häuser-Auf-
türmung, das hatten wir zuletzt in dieser Rubrik präsentiert (oder zugemu-
tet?) und eingeladen, dazu ein Haiku zu schreiben (wieder eine Zumu-
tung?). Viele sahen es offenbar eher als eine Herausforderung, und so er-
reichten uns 28 Haiku – vielen Dank!

Wie immer haben wir sorgsam gelesen, gewichtet und gewertet. Vier
Haiku haben wir schließlich ausgewählt, die wir hier präsentieren. Kurios:
Alle vier bekamen von der Jury, zu der neben der Redaktion auch Claudia
Brefeld gehörte, exakt die gleiche Punktzahl. Ein klarer „Sieger" ist also
nicht dabei. Aber geht es hier ums Siegen? Nein. Es geht um Inspirationen,
die im kreativen Schreiben dichterische Form annehmen. Allen Einsen-
dern nochmals herzlichen Dank!

Foto: Moritz O. Buchholz, Hongkong

trutzburg aus beton
fast unbemerkt landet
ein löwenzahn

    Georg Leng

siebzehnte Etage
jemand bedankt sich
für einen Sonnenstrahl

    Ruth Karoline Mieger

Häuserschluchten
auf der Klingelleiste
ihr Name

    Ingrid Meinerts

Kinderlachen
Die kalte Betonwüste
erwärmt sich kurz

    Thomas Wittek

Alle übrigen Einsendungen veröffentlichen wir wieder auf der Website der DHG unter www.haiku.de/sommergras-148

„ikigai" – schon mal gehört? Im „Japanischen Glossar"[1] von Klaus-Dieter Wirth finden wir Näheres dazu. Danach steht der Begriff *„ikigai"* für Lebenssinn oder auch für den Wert des Lebens. In teils dunklen Zeiten wie diesen ist es sicher wert, darüber nachzudenken, über den Wert des Lebens, über Lebenssinn. Oder ein Haiku darüber zu dichten! Dazu möchten wir Sie einladen. Schreiben Sie ein Haiku, das diesen Begriff als Inspirationsquelle hat. Es können auch kleine Momente oder Beobachtungen sein, in denen der Wert des Lebens schimmert, denen innewohnt, was wertes Leben ausmachen kann. Wir sind sehr gespannt auf Ihre Texte! Schicken Sie bitte **ein** Haiku an

redaktion@sommergras
Stichwort: Haiku KreAktiv
Einsendeschluss: 15. April 2025

---

[1] Klaus-Dieter Wirth, „Japanisches Glossar rund um das Haiku und verwandte Kunstformen im Rahmen der japanischen Kultur", Rotkiefer Verlag, 2022

Haiku-Kaleidoskop

Klaus-Dieter Wirth

Das Haiku in Irland[1]

Obwohl das Haiku relativ spät in Irland Fuß fasste, verschafften sich seit den 1990er Jahren etliche kräftige und originelle Stimmen Gehör, wie etwa die des überaus regen Gabriel Rosenstock. Jim Norton und Seán O'Connor gaben über fünf Jahre bis 2000 die international bald beachtete Haiku-Zeitschrift „Haiku Spirit" (Haiku-Geist) heraus. 2004 gründete man die Organisation „Haiku Ireland" und zwei Jahre später die Irish Haiku Society (Irische Haiku-Gesellschaft), woraufhin beide Gruppierungen regelmäßige Veranstaltungen organisierten. 2012 stellte die erste Anthologie irischer Haiku, „Bamboo Dreams" (Bambusträume), das Werk von 77 Autoren vor.

Zuvor waren Ähnlichkeiten zwischen dem Haiku und der frühen keltischen Naturlyrik in der Diskussion gewesen, wobei man letztere verantwortlich machte für eine ständige Bedrohung durch unterschwelligen Animismus und Mystizismus, welcher das irische Haiku letztlich eben abgrenzen würde von anderen Annäherungen an das Genre, wie sie außerhalb Japans stattfanden. Hier nun eine breite Auswahl irischer Haiku sowohl von etablierten als auch weniger bekannten Dichtern zur eigenen Einschätzung. Allen mehr oder weniger gemeinsam ist ihre gewisse Originalität.

---

[1]Der Einführungstext und ein Teil des Beispielmaterials basieren auf einem Artikel, der in der niederländisch-englischen Haiku-Zeitschrift „Whirligig" Vol. III/2, November 2012 (ISSN 2210-4593) erschien, herausgegeben von Max Verhart (NL), Marlène Buitelaar (NL), Norman Darlington (IE) und Klaus-Dieter Wirth (DE).

Pat Boran

nowhere left to hide
a lone crab scuttles between
islands of stillness

nirgendwo ein Versteck
ein einsamer Krebs krabbelt
zwischen Inseln der Stille

evening approaching
curlews stilt-walk
on their reflections

der Abend naht
Brachvögel stelzen
auf ihren Spiegelbildern

Paddy Bushe

gannets
diving from blue to blue
to meet themselves

Tölpel
tauchen vom Blau ins Blau
um sich selbst zu treffen

Tony Curtis

The Liffey's old song
singing softly below me
in a muddy voice

Des Liffeys[2] altes Lied
so leise unter mir gesungen
mit schlammiger Stimme

Norman Darlington

Saint Brigid's Day —
the clank of buckets
at the holy well

St. Brigids-Tag
das Scheppern von Eimern
am heiligen Brunnen

---

[2]Liffey ist der Fluss, der durch die Hauptstadt Dublin fließt

grasses rustling —
a mountain wind
reaches for the sea

after the rain:
the river
its weight

raschelnde Gräser
Bergwind
greift nach der See

nach dem Regen
der Fluss
seine Schwere

Patrick Deeley

dead thrush on the doorstep
the cat's way
to my heart

leather-winged bat
spinning darkness
on darkness

tote Drossel auf der Türstufe
Katzenart sich
bei mir einzuschmeicheln

lederflüglige Fledermaus
verwebt Dunkelheit
mit Dunkelheit

Gilles Fabre

Searching for change
this old man
his shirt inside out

Taking the mouse
off the trap —
how am I to die?

Sucht nach Wechselgeld
dieser alte Mann
im nach außen gekehrten Hemd

Hole die Maus
aus der Falle —
wie werde ich wohl sterben?

Ryan Fitzpatrick

midnight river –
flamingos drink
the stars

mitternächtlicher Fluss –
Flamingos trinken
die Sterne

Michael Gallagher

through the snow
my footprints
track me down

durch den Schnee
meine Fußspuren
verfolgen mich

sudden shower
the bog stitched
with silver lame

plötzlicher Schauer
das Moor vernäht
mit Silberlamé

Noel King

domestic fly
a monster on the
doll house chandelier

Stubenfliege
ein Monster auf dem
Puppenhausleuchter

Anatoly Kudryavitsky

the doors creak softly:
sleepwalking in my house,
moonlight

sanftes Türknarren
schlafwandelnd in meinem Haus
Mondlicht

river stillness
an evening mist enters
the lock chamber

stiller Fluss
Abendnebel schiebt sich
in die Schleusenkammer

aspen in the rain
each leaf dripping with
the sound of autumn

Espe im Regen
von jedem Blatt tropft es
des Herbstes Geräusch

autumn dusk
a cat rubs its shadow
against fisherman's legs

Abenddämmerung im Herbst
eine Katze reibt ihren Schatten
gegen die Beine des Fischers

war museum
two gas masks
staring at each other

Kriegsmuseum
zwei Gasmasken
starren einander an

Stuart Lane

ancient earthworks —
a raven echoes vanished
war cries

uralte Erdarbeiten —
ein Rabe lässt es wieder aufleben
verflogenes Kriegsgeschrei

Leo Lavery

blackbird
still peddling
its old sweet songs

Amsel
geht immer noch hausieren
mit ihren schönen alten Liedern

local train
stopping between stations
letting the clouds catch up

Nahverkehrszug
hält zwischen den Bahnhöfen
lässt die Wolken aufschließen

the cuckoo
savouring
its own blue note

Kuckuck
kostet seine eigene
Bluesnote aus

Claire McCotter

morning rain –   Morgenregen –
weeping under birch   weinend unter einer Birke
a mare's mane   die Mähne einer Stute

Seán Mac Mathúna

foggy morning –   nebliger Morgen –
maidenhair fern   Frauenhaarfarn
gropes for the sun   tastet nach der Sonne

writing table   Schreibtisch
I watch a spoon   ich beobachte wie ein Löffel
gather the dawn   das Morgenrot erfasst

sunset pines   Kiefern bei Sonnenuntergang
shadows big enough   Schatten groß genug
to have their own shadows   ihre eigenen Schatten zu werfen

Kate Newmann

caught in the branches   gefangen in den Ästen
of a dead oak tree,   einer toten Eiche,
autumn   der Herbst

Jim Norton

Salt whitened   Salzgeweißt
remains of a sand-hare   Überreste eines entseelten
spirited away   Sandhasen

All night long
my neighbour's dog
guarding the quiet

Beyond the crossroads
the hillroad into autumn
disappears

Leaf-drip —
an invisible roofer tap-taps
nails into fog

Mary O'Brien

four days walking
before the mountain
takes me

Hugh O'Donnell

leaf fall —
earth's begging bowl
overflows

New Year's Day —
sunlight and honey
in a jar

Die ganze Nacht lang
wacht der Hund meines Nachbarn
über die Ruhe

Jenseits der Kreuzung
verschwindet die Bergstraße
im Herbst

Tropfende Blätter
ein unsichtbarer Dachdecker klopft
Nägel in den Nebel

vier Tage gewandert
bevor mich der Berg
annimmt

Blätterfall —
die Bettelschale der Erde
fließt über

Neujahrstag
Sonnenlicht und Honig
in einem Glasgefäß

16

Siofra O'Donnovan

picking blackberries   Brombeeren pflücken
I catch the pale sun   ich fange die blasse Sonne
in my silver bowl   in meiner Silberschale ein

Maeve O'Sullivan

gallery visitors   Galeriebesucher
photograph the paintings   fotografieren die Bilder
without looking   ohne sie sich anzuschauen

airport security   Flughafensicherheitscheck
a woman frisks me   eine Frau tastet mich ab
undoing your hug   hebt deine Umarmung auf

Gabriel Rosenstock

planting tulip bulbs …   Tulpenzwiebeln pflanzen …
their future colour   ihre zukünftige Farbe
in the evening's sky   am Abendhimmel

ladybird   Marienkäferchen
inch by inch   Zoll für Zoll
exploring the universe   das Universum erforschend

sickle moon   Sichelmond
reaping   Leere
emptiness   erntend

John W. Sexton

tracing then retracing   verfolgt, rückverfolgt
his invisible pathways   seine unsichtbaren Bahnen
the goldfish   der Goldfisch

walking through the brambles   geht durch die Brombeeren
without scratches   ohne Kratzer
my shadow   mein Schatten

Stockdunkle Nacht.
Bloß im Telefonhäuschen
scheint mattgelbes Licht

Haiga: Georges Hartmann

Klaus-Dieter Wirth

Nachruf auf Peter Gooß
01.10.1939 – 10.07.2024

Mit Peter Gooß ist ein ganz besonderer Mensch von uns gegangen: naturverbunden, fantasievoll, originell, engagiert. So verstand er das Haiku primär als Augenöffner, Therapiemittel, kurz als Lebenshilfe.

Hier sein selbstverfasster Lebensrückblick:

Vita Peter Gooß – geboren 1939 an einem Sonntag als „Glückskind". Na ja, ein buntes Leben war es schon mit den unterschiedlichsten Formen der Bewährung und des Genießens. Und Glück hatte ich oft. Zehn Jahre in Rüsselsheim Lehrer, Humanistische Union, Jungdemokraten, FDP (war damals noch halblinks). 20 Jahre auf Wangerooge, Gründer der Volkshochschule, erster Animateur der Insel, Segellehrer, Mitglied und 2. Bürgermeister im Gemeinderat, Vereinsmeier, Vermieter eines Gästehauses und Kleingärtner. Vati von Barbara! In den zehn letzten Jahren Grundschullehrer in Darmstadt, engagiert für Städtepartnerschaft u. a. mit Uzhhorod (Ukraine) mit ersten Schritten zum Aufbau eines nachhaltigen Tourismus. In den Ferien Segeln, Alpenwandern und Ski alpin – ach ja, lange her. Schon als Schüler Aphorismen und Sprüche geschrieben. Kleine Sammlung von Gedichten und Weisheiten „Meinen Insellieben" und „Fantastereien über die Doppelsäule im Millstätter Kreuzgang" im Eigenverlag. Leider nie wirklich Zeit und Muße für literarisches Arbeiten. Aber jetzt! Hundespaziergänge mit lyrischen Anwandlungen – Gedichte. Doch bald schon: „War ja alles schon mal da und ist viel zu lang." Minimalisieren also! Also HAIKU! Nur drei Zeilen, höchstens 17 Silben. Da kann man sich ganz schön anstrengen. Und man kann immer noch mal daran basteln. Auch andere um ihre Meinung fragen. Ich bin richtig happy, wenn so ein Dreizeiler wie ein Schmetterling losflattert. Und dann arbeiten die Glückshormone. „Schöner alt – mit HAIKU" heißt deshalb meine Sammlung, mit der ich in Altenheimen auftrete. Verlegt ist sie im Engelsdorfer Verlag, Leipzig Und weil das ein billiger Weg zur Freude ist, zeitlich völlig offen, den jeder mit einem persönlichen Erfolg abschließen kann, wann immer er will, empfehle ich ihn: allen, die Natur gerne genau beobachten und Auffälliges festhalten wollen, allen, die gerne kombinieren, formulieren oder es üben wollen, allen, die sich ohne Hilfsmittel und Kosten eine Freude verschaffen wollen. Ich schreibe übrigens meistens im Gehen ins Handy und kann leicht korrigieren. Gruß-, Geburtstagskarten und Kalender fallen fast ganz von selbst dabei ab … Nur Mut zu HAIKU:

Durch meinen Tag
taumeln HAIKU
Schmetterlingen gleich

Eisig ist's komm rein
du miin Minifliege
vorm Küchenfenster

Küstenmuseum
modernisiert – jetzt ohne
Torffeuergeruch

Im Regen
der nasse Stein
strahlt

In der Produktbeschreibung zu HAUSBACKEN, seiner ersten HAIKU-Sammlung, schrieb Peter in seinem typisch aufrichtigen, frischen und werbenden Schreibstil: „Meine HAIKU haben selten die Leichtigkeit ihrer japanischen Vorbilder, sind weniger lyrisch, Momentaufnahmen meiner Empfindungen und der Gedanken dahinter. Durch die Arbeit an ihnen habe ich meine Sprache geschult und ganz unerwartet intensiveres Erleben erfahren. Sie haben mich glücklich gemacht. Vielleicht finden die Leser auch hin und wieder eine Perle. Mein Anliegen diesmal ist es, dazu anzuregen, statt nur zu lesen, sich selbst die Freude zu bereiten, mit wenig Aufwand etwas zu schaffen und das gerade als älterer Mensch."

In der *Frankfurter Rundschau* vom 17.01.2019 stand unter der Überschrift „Feilschen um jedes Wort" zu lesen:

„… Damit auch andere von der positiven Wirkung des Haiku-Dichtens erfahren, besucht Gooß Altenheime und Reha-Einrichtungen und versucht, deren Bewohner in kleinen Gruppen für die literarischen

Momentaufnahmen zu begeistern. Zwei Bücher, im Selbstverlag herausgegeben, liefern seinen Zuhörern jede Menge Anregungen.

Darin geht es unter anderem um das Alter. Ein Beispiel: Schon ganz schön flott / Rauf zur Ludwigshöhe / Auf drei Beinen. Oder: Mir ist als hätt' ich / Früher mich nie gebückt / Alles flog mir zu. Gooß sagt: „Wenn mir ein Dreizeiler gelungen ist, strahle ich innerlich. Und meine Glückshormone dürfen arbeiten." Damit der Haiku-Einstieg den Neulingen leichter fällt, hat er im letzten Kapitel seines zweiten Büchleins eine Art Zeilen-Puzzle abgedruckt, mit dem dann experimentiert werden darf.

Der selbsternannte Haiku-Botschafter lässt sich einiges einfallen, um die Dreizeiler populär zu machen. Er schrieb einige seiner Texte auf Holztäfelchen und präsentierte sie im Zentrum Eberstadts auf einer Kunstmeile. Außerdem gestaltete er ein Haiku-Wäldchen auf der Marienhöhe. Auch ein Fotobuch und Postkarten mit seinen Kurzgedichten sollen zur Verbreitung seines Hobbys beitragen."

Am 19.07.2017 gestaltete Peter etwa auch einen der Programmpunkte des renommierten „Theater Mobile" in Zwingenberg, an der südhessischen Bergstraße, wo er in einer Open-Air-Performance zu Fuß an verschiedenen Plätzen der Altstadt Haiku zusammen mit Spielszenen und Anekdoten zur Geschichte vom „Zwingenberger Nachtwächter" darbot.

Und noch mit 81 Jahren gab er sich auf zwölf Seiten mit Ideen und Vorschlägen aktiv unter Hinweis auf die positiven Auswirkungen der Haiku-Tugenden in das Wahlprogramm für den Darmstädter Süden, seine Heimat, ein!

Und genau so, erfüllt und getragen von dieser tief empfundenen Freude am Haiku, verbunden mit diesem so ideenreichen Engagement für dessen Belange, habe ich selbst Peter Gooß bei etlichen Begegnungen, Gesprächen und im E-Mail-Austausch erlebt: voller Begeisterung, bisweilen ratsuchend, dabei manchmal auch etwas sperrig, aber immer aufrichtig und liebenswert in der ihm eigenen Art.

Seine lokale Traueranzeige wurde mit dem folgenden Haiku eingeleitet, vergleichbar mit einem echt traditionell japanischen Jisei:

räumend geht einer
barfuß den steinigen Weg
die Schuhe in der Hand

Foto: Christof Blumentrath und Haiku: Claudia Brefeld

Conrad Miesen

Exzentrische Haiku in den Anfängen der DHG

Wer aus eigener Erfahrung oder durch Publikationen aus den Gründerjahren der Deutschen Haiku-Gesellschaft e.V. mit jener Phase vertraut ist, den dürfte bereits der Titel dieser Betrachtungen verwundern.

Die von den ‚geistigen Eltern' der DHG, Margret Buerschaper aus Vechta und Professor Carl Heinz Kurz aus Göttingen, gewissermaßen festgeschriebenen Regeln ließen wenig Spielraum zu. Zu ihnen gehörte auch die eindeutige und unantastbare formale Struktur von 5-7-5 Silben, die von einigen Mitgliedern als zu starr empfunden wurde. Es formierte sich Widerstand, und immer wieder einmal war das Argument zu hören, man könne nicht einfach den sprachlichen Rhythmus von 5-7-5-Moren aus der japanischen Tradition auf einen völlig anderen Kulturraum übertragen und in das Metrum von 5-7-5 Silben der deutschen Sprache pressen. Margret Buerschaper aber hielt als gewählte 1. Vorsitzende der Gesellschaft eisern an den einmal definierten und bei der Gründungsversammlung im Januar 1988 beschlossenen Regeln fest und nahm auch in Kauf, dass es mehrfach sogar als Folge solcher Auseinandersetzungen zur Kündigung der Mitgliedschaft in der DHG kam.

Sehr interessant und aufschlussreich scheint es mir, dass diese Problematik bereits im Rahmen der Haiku-Biennale, die am 29. und 30.09.1979 in Bottrop stattfand, ausgiebig diskutiert wurde. Sabine Sommerkamp hat darauf mehrfach hingewiesen und auch in ihrem Essay „Die deutschsprachige Haiku-Dichtung. Von den Anfängen bis zur Gegenwart" ausführlich berichtet (publiziert in: „Deutsch-Japanische Begegnung in Kurzgedichten", hrsg. von Tadao Araki; iudicium Verlag, München 1992, Seite 79–91; vergleiche besonders die Abschnitte IV und V).

Zwanzig Autoren und Freunde des deutschsprachigen Kurzgedichtes waren damals zusammengekommen, wobei die zentrale Frage den Grad der poetologischen Angleichung von japanischer und deutscher Kurzdichtung betraf und die Suche nach einer, für alle maßgeblichen, Poetik. Laut Dr. Sabine Sommerkamp zeichneten sich beim Treffen in Bottrop schließlich drei Grundpositionen ab, die sich vereinfachend wie folgt zusammenfassen lassen:

a) partielle Angleichungen (vertreten durch die Autoren Peter Coryllis und Jürgen Völkert-Marten).

b) formale und inhaltliche Angleichung (eine Position, die z. B. Hans Stilett und Sabine Sommerkamp einnahmen) und

c) eine rein inhaltliche Angleichung, vertreten etwa durch Harald K. Hülsmann. (vgl. Sabine Sommerkamp, ebenda Seite 86 f.)

Was die Grundposition von Dr. Sommerkamp betrifft, so nannte sie als ihre Kronzeugin für das Festhalten an der 5-7-5 Silbenstruktur die Klassikerin des deutschsprachigen Haiku Imma von Bodmershof, welche zwar zeitweise mit einer abweichenden Silbenzahl experimentierte, aber später (vgl. ihr Haiku-Buch ‚Löwenzahn' von 1979) ganz bewusst zum Haiku mit insgesamt 17 Silben zurückkehrte. (vgl. Sabine Sommerkamp, ebenda Seite 85)

Unter der Grundposition a, welche eine partielle Angleichung beinhaltet, lässt sich allerdings auch eine Art von Dichtung subsumieren, die ich im Folgenden anhand von vier Autoren vorstellen möchte und bei der Haiku im Fokus stehen, die zwar formal der 5-7-5 Silbenstruktur entsprechen, aber ansonsten im Hinblick auf die inhaltliche Seite exzentrisch genannt werden könnten (‚exzentrisch' hier verstanden im Sinn von: ungewöhnlich und von dem Üblichen, d. h. auch den gesetzten Regeln und Normen, abweichend).

Die von mir näher untersuchten vier Autoren in der frühen Phase der DHG werde ich jeweils nach folgendem Schema darstellen:

Kurzbiografie und Literaturhinweise, poetologischer Standpunkt und einige wenige Haiku-Beispiele, die verdeutlichen sollen, was hier mit ‚exzentrischen Haiku' gemeint ist.

Mario Billia (1947–2015)

Mit dem Schweizer Mario Billia traf ich erstmalig im Oktober 1990 beim deutsch-japanischen Symposium zusammen, das im Bad Homburger Schloss (als eine Begleitveranstaltung zur Frankfurter Buchmesse mit dem Schwerpunkt-Land Japan) stattfand. Eine intensive Beziehung mit regelmäßigem Gedankenaustausch entwickelte sich daraus. Mario war ein promovierter Chemiker, der für verschiedene Firmen in der Forschung und Entwicklung arbeitete, sich aber von Jugend an auch gerne mit Musik und Literatur beschäftigte. Er schrieb und publizierte Gedichte in verschiedenen Zeitungen und Anthologien; war seit 1988 dem Anagramm auf der Spur und gilt als Erfinder des Anagramm-Sonetts.

Haiku-Gedichte hatte er durch Buchveröffentlichungen kennengelernt und äußerte sich mir gegenüber zu dieser lyrischen Gattung folgendermaßen:

„Wie ein Chemiker im Labor Versuchsanordnungen arrangiert, um neue, erfolgversprechende Verbindungen zu finden, so hab ich von jeher gern mit Sprachbildern, Silben und Wortpartikeln gespielt, um Grenzen zu sprengen und gänzlich neue Wege auszuprobieren. Am Haiku schätze ich seine Kürze und Prägnanz sowie die unglaubliche Kraft, Bilder und Erlebnisse zu evozieren – ausgehend von nur 17 Silben."

In der Zeit seines beruflichen Ruhestands ließ sich Dr. Billia noch auf ein Wissenschaftsabenteuer ganz spezieller Art ein, das ihn jahrelang beschäftigte und mit einer Buchpublikation abgeschlossen wurde:

„Die Entschlüsselung von C.G. Jungs Anagramm. Enigma, Odyssee und Serendipity". (Verlag Martin Wallmann, Alpnach 2011).

So sehr der Sprachartist und Forscher Mario Billia vielfachen Rätseln auf der Spur war, so kryptisch und schwer nachvollziehbar muten auch seine Haiku an, von denen ich eine kleine Auswahl im Folgenden wiedergebe.

Die Drähte kreuzen,
atmen Himmelsbläue durch –
die Nacht packt den Zug.

Höchste Wolkenjagd:
wo knistern Kristalle fest?
Metamorphosen.

Mehrfach führten ihn dienstliche, aber auch private Reisen in den fernen Osten, wozu auch ein Japan-Aufenthalt gehörte. Aus diesem Erlebnisraum brachte er u. a. die beiden nachfolgend genannten Haiku mit.

Der laue Wind täuscht
Sommerdauern, ernte doch
Pachinkorasseln

Die Teakholzbrücke
schimmert tropisch, Geigenton
von einem Blinden?

Mario Fitterer (1937–2009)

Im SOMMERGRAS (Dezember-Heft 2022, S. 31–36) hatte ich bereits in einem Porträt Mario Fitterers Biografie und sein Wirken in der DHG eingehend gewürdigt, doch auch bei diesem Thema der exzentrischen Haiku sollte unbedingt von ihm die Rede sein.

Von den vier besprochenen Autoren ist er mit Sicherheit der bekannteste und eifrigste, was die Veröffentlichung von Haiku, Essays und Rezensionen betrifft.

Im Übrigen war er Gründungsmitglied der DHG und hat mehrere Jahre im Vorstand mitgearbeitet. Durch den, von ihm betriebenen, Mafora-Verlag gab er speziell auch Autoren von Haiku und anderen Kurzgedichtformen eine Möglichkeit der Veröffentlichung.

Was die Eigenart seiner Haiku betrifft, so schätze ich an ihnen besonders den meditativen Aspekt, den Sinn für überraschende Wendungen und Mario Fitterers Humor. Orientierungspunkte waren und blieben für ihn der Zen-Buddhismus und der poetologische Ansatz, welchen er dem Buch

‚Das Reich der Zeichen' von Roland Barthes entnahm. Wie Barthes sah auch Fitterer gelungene Haiku als eine Art Sprache des Zen, ein einmaliges Ereignis festhaltend, das nur persönlich erfahren werden kann und im Grunde sprachlich gar nicht exakt vermittelbar ist. Diese Gestaltung vollzieht sich aus einer Intuition heraus und weist auf Dinge und Erlebnisse hin, so wie kleine Kinder es tun, wenn sie staunend ‚Da!' sagen.

Durch seine intensive Beschäftigung nicht nur mit deutschsprachigen Haiku, sondern auch Dreizeilern nach japanischem Vorbild aus dem französischen, italienischen und griechischen Sprachraum, hat Mario Fitterer immer wieder versucht, nationalsprachliche Grenzen zu überwinden und ganz neue Impulse aufzunehmen. Entsprechend unkonventionell wirkten auch in den Anfängen der DHG seine Haiku im Vergleich mit den vielen, formal und inhaltlich regelkonformen Dreizeilern anderer DHG-Mitglieder. Ein paar Beispiele sollen das belegen.

Septembersonne
der Bauer im Museum
schaut nach dem Weizen

Sonnenuntergang
der Skilehrer warnt Schatten
weiter zu wachsen

Schnaufend ankommen
vor der Treppe des Meisters
den Schnee festtreten

Vom neuen Haus nichts
als eine Tür schnell schließ sie
das Meer kommt herein

(Das erstgenannte Haiku ist einem Brief Marios an mich entnommen; Nr. 2 und 3 sind enthalten in seinem Haiku-Buch „Der Skilehrer warnt Schatten weiterzuwachsen' von 1990; Nr. 4 wurde abgedruckt in der Bio-Bibliografie der Mitglieder der DHG von 1990, Seite 53.

Ausführliche Hinweise zu Mario Fitterers selbstständigen und unselbständigen Haiku-Veröffentlichungen finden sich im Anhang des bereits erwähnten Porträts von ihm im SOMMERGRAS, Heft Dezember 2022).

Georg Jappe (1936–2007)

Durch seinen sehr informativen Aufsatz „Erinnerungen an Bodmershofs erstes Haiku-Jahrzehnt" in der Vierteljahresschrift der DHG, Heft September 1992 (Seite 2–6) war mir Georg Jappe bereits aufgefallen. Später lernten wir uns auch persönlich kennen, als er mir das Konvolut des kompletten Briefwechsels seines Vaters Hajo Jappe mit dem Ehepaar Bodmershof in Köln aushändigte, den ich für das Bodmershof-Archiv der DHG sichtete und auswertete.

Nachfolgend ein paar Angaben zu seiner Biografie, die ich seinem ‚Haikubuch' (Horst Nibbe Verlag, Köln 1980) und dem Wikipedia-Internet-Lexikon entnahm: aufgewachsen in Italien (Südtirol), Studium der Theaterwissenschaft und Philosophie, Promotion. Lebte lange Zeit in Köln und arbeitete als Referent, Hörspiellektor, freier Publizist, Lehrbeauftragter und Professor für Ästhetik an der Hochschule für Bildende Kunst in Hamburg.

Jappe verfasste Kunst- und Literaturkritiken, Essays und Kataloge. Neben dem eben genannten ‚Haikubuch' ist als weitere Veröffentlichung seiner Haiku noch sein ‚Handexemplar. Ein Konvolut Haiku' (Münster 1993) bedeutsam.

Als Haupt-Initiatoren seiner Beschäftigung mit dem Haiku sind neben seinem Vater Hajo Jappe vor allem das Ehepaar Bodmershof zu nennen. Hajo Jappe (1903–1988) gehört wie Imma von Bodmershof, Flandrina von Salis und Karl Kleinschmidt ohne Zweifel zu den Pionieren der deutschsprachigen Haiku-Dichtung.

Um Jappes Poetologie darzustellen, zitiere ich nachfolgend aus dem ersten Abschnitt des Nachwortes im ‚Haikubuch' von 1980 (Seite 84 oben):

„Am Haiku interessiert mich nicht, Symbole des Zen und der japanischen

Kultur zu importieren (…) zwei Bilder treten in eine Spannung, die in einem dritten aufgehoben wird (aber nicht aufgelöst); mitunter, besonders schwierig, sind es auch bildlose Bewegungen und Klänge. Der Vorgang ist dem der Elektrizität exakt analog, zwischen den Polen Plus und Minus entsteht ein Stromstoß dann, wenn jemand den potenziellen Kontakt vollzieht. Dieser Jemand ist der aktive Leser, aktiv wie der Hausmusiker, der Partituren nicht nur liest, sondern probt. Nicht Impression noch Aha-Effekt, sondern Nachwirkung ist das erste Kriterium für ein Haiku."

Nicht unerwähnt sollte bleiben, dass beide Haiku-Bücher auch in ästhetischer Hinsicht, also im Hinblick auf Layout und Gesamtgestaltung, wahrhaft ungewöhnlich und herausfordernd für den Leser sind (z. B. Wiedergabe zahlreicher, nicht in Druckfassung transkribierter Haiku sowie von Korrekturen und zusätzlichen Orts- und Zeitangaben).

Nachfolgend eine Auswahl von Georg Jappes exzentrischen Dreizeilern nach japanischem Vorbild, die seinen beiden genannten Haiku-Büchern entnommen wurden.

Wieviele Drähte!
Wie Schwingen fallen vom Haus
die Barren Schnees

von allen guten
Zähnen verlassen sitzend
vor dem Festbraten

Weltliteratur
fünf Seiten jeden Abend
damit sie einschläft!

Die Totenmaske
Agamemnons angeschrie'n
in allen Sprachen

Roman York (alias Dieter Holz)

Eine Suche im Internet ergab keine Anhaltspunkte zur Bio-Bibliografie von Roman York, sodass ich in diesem Fall ausschließlich auf das Quellenmaterial der beiden ersten Bio-Bibliografien der Mitglieder der DHG (von 1990 und 1994) sowie auf die Broschüre ‚Ligaturen' der Halbe-Bogen-Reihe (Bovenden 1981) angewiesen bin. Dort fand ich auch einige wenige Angaben zur Biografie: 1935 in Berlin geboren; Studium der Germanistik, Philosophie und Geschichte. Berufliche Tätigkeit: für einige Jahre am Institut für Philosophie der Freien Universität Berlin; später auch als Journalist und Kleinstverleger. Wissenschaftliche und literarische Veröffentlichungen.

Drei Haiku-Bücher: neben den erwähnten ‚Ligaturen' noch zwei Veröffentlichungen seiner Kurzgedichte im Mafora-Verlag von Mario Fitterer.

Dass zwischen Mario Fitterer, Dieter Holz und Georg Jappe eine Verbindung bestand, entnahm ich einem Hinweis von Rüdiger Jung, der sich an eine Rezension erinnert, aus der hervorging, dass ausgerechnet Professor Jappe ein Nachwort zu einem (oder sogar beiden?) Broschüren von Roman York im Mafora-Verlag verfasste. Es handelt sich dabei um ‚Glaswege' (1993) und ‚Glasfelder' (1994).

Roman Yorks poetologischer Standpunkt: Mehrfach betonte er, dass es ihm eher um Distanz zum klassischen japanischen Haiku ging als um eine Annäherung. Nachfolgend zitiere ich den ersten Abschnitt der Vorbemerkung in der Broschüre ‚Ligaturen':

> „haiku sind empfindliche gebilde. im unterschied zur europäischen lyrik, auch der empfindsamsten, sprechen sie ihre zentrale erfahrung nicht aus, sondern finden sie im schweigen. drei zeilen spielen sich in siebzehn silben (5-7-5) ihre wahrnehmungen zu und dürfen dabei nicht in flüchtige impression oder bloße abstraktion verfallen, wie es unserm denken so naheliegt. denn das haiku bleibt nur scheinbar einfach: es hält sich an die oberfläche, aber nicht um an ihr zu kleben, sondern um sie durchsichtig zu machen."

Ein experimenteller und zugleich spielerischer Grundzug ist in vielen Dreizeilern von Dieter Holz nachweisbar, z. T. auch eine Nähe zur ‚Konkreten

Poesie'. Nachfolgend eine kleine Auswahl von Haiku, die seiner Broschüre ‚Ligaturen' entnommen wurden.

raps — du gelbfieber
des sommers. meine augen
sind krank vor farbe

verkapselt in mir
bilder der bernsteinküste —
harz des erinnerns

figuren — kauernd
oder schreitend. schwarz schimmert
die haut des torso

die furche als vers.
zeile für zeile pflügen —
mit welchen pferden?

Nachbemerkung:

Ob das Festhalten an der 5-7-5 Silbenstruktur bei den vier Autoren dieser kleinen Studie der Loyalität gegenüber den offiziellen Regeln der DHG in ihren Anfängen geschuldet ist oder eine bewusst gewählte, eigene Leitlinie darstellt, vermag ich nicht zu beurteilen. Tatsache ist auf jeden Fall, dass die genannten Autoren später teilweise oder sogar komplett (siehe Mario Fitterer!) diese formale Struktur zugunsten des Freestyle-Haiku aufgaben, was im Übrigen auch erleichtert wurde durch Margret Buerschapers Entscheidung, im Jahr 2003 nicht mehr als Vorsitzende zu kandidieren. Sie machte damit zugleich den Weg für Martin Berner (als ersten Vorsitzenden) und dessen formal offenere Haiku-Auffassung frei.

Moritz Wulf Lange

100 Jahre Haiku (1)
Form und Struktur im deutschsprachigen Haiku
1925–2025

Das Haiku hat in Japan eine lange Geschichte und eine große Tradition. In der deutschsprachigen Literatur ist das Haiku dagegen gerade einmal seit 100 Jahren wahrnehmbar. Dabei hat es sich, mehr oder weniger parallel, in zwei verschiedenen Bahnen entwickelt: Haiku werden im deutschen Sprachraum seit Jahrzehnten sowohl innerhalb einer regelrechten Haiku-Szene als auch innerhalb des etablierten Literaturbetriebs geschrieben (mit einer gewissen Schnittmenge beider Bereiche, muss man der Vollständigkeit halber hinzufügen). In dieser kleinen Artikelserie sollen nun Formen und Strukturen der Haiku einiger der jeweils wichtigsten Vertreter untersucht und vorgestellt werden.

Am Beginn der öffentlich wahrnehmbaren deutschsprachigen Haiku-Dichtung steht ein humoristischer Artikel, der mit den ersten Veröffentlichungen von auf Deutsch gedichteten Haiku abschließt. Er erschien am 18. März 1925 in der Berliner Zeitschrift „Roland" – der 18. März darf damit als Geburtstag des deutschsprachigen Haiku gelten. Der Autor (wie auch Gründer und Herausgeber der Zeitschrift) war Franz Blei, eine schillernde Gestalt des literarischen Lebens in der Kaiserzeit und in seiner Bedeutung von einem Blei-Kenner einmal mit derjenigen von Hans Magnus Enzensberger verglichen. Wie genau Blei darauf kam, Haiku zu schreiben, ist nicht überliefert. Allerdings hatte Blei zu der Zeit, als er seine Haiku veröffentlichte, den Zenit seiner Karriere bereits überschritten, und das Inhaltsverzeichnis seiner Zeitschrift bot ein Sammelsurium an Themen, die durchaus mit denen einer modernen Boulevardzeitschrift mithalten können. Daher darf man mit einigem Recht vermuten, er habe – sowohl mit seiner Zeitschrift als auch mit seinem Artikel – einfach unterhalten, vielleicht auch Aufmerksamkeit erregen, und dringend benötigtes Geld verdienen wollen. Das Haiku war jedenfalls etwas Neues und damit potenziell für Aufmerksamkeit gut. Aber wie waren die ersten veröffentlichten deutschsprachigen Haiku nun konkret gebaut?

Formal weisen Bleis Haiku bereits wesentliche Merkmale späterer Haiku auf. Alle kommen sie ohne Überschrift aus, alle sind dreizeilig geschrieben. Daneben beginnt jeder Vers mit einem Großbuchstaben, die letzten Verse schließen alle mit einem Satzzeichen ab. Verslänge und Metrum sind dagegen nicht festgelegt. Die Silbenzahl der Verse variiert stark und folgt keinem System. Die kürzesten Verse haben fünf, der längste hat elf Silben; im Durchschnitt verwendet Blei 22 Silben pro Haiku. Damit sind seine Haiku noch recht lang. Das relative Längenverhältnis (kurzer/langer/kurzer Vers) späterer Haiku wird nicht beachtet. Metrisch finden sich Haiku in freiem Versmaß (bspw. „Bummbrummbummbumm", „Sterne am Morgen") neben solchen in durchgängigen Jamben (bspw. „April", „Maria"). Vollständig nachzulesen sind Bleis Haiku u. a. in dem Buch „Die frühen deutschen Haiku von Franz Blei und Yvan Goll"; anlässlich des Jubiläums des deutschsprachigen Haiku wird zurzeit eine Neuauflage, revidiert und erweitert um einen Artikel aus der „Zeitschrift für Germanistik" zu den Anfängen der deutschsprachigen Haiku-Dichtung, vorbereitet.

Sprachlich sind von den zehn Haiku, die Blei in seiner Zeitschrift veröffentlichte, viele merklich vom Expressionismus beeinflusst. Insbesondere die Personifizierung ist ein beliebtes Stilmittel, wie eine schnelle Gegenüberstellung von beispielhaften Textstellen Bleis mit Werken expressionistischer Dichtung zeigt.

Bsp. 1a) „Sterne am Morgen, wie seid ihr bleich!" (Franz Blei)
Bsp. 1b) „Der Himmel sieht verbummelt aus und bleich" („Die Dämmerung"/Alfred Liechtenstein)
	Hier werden Himmelserscheinungen menschliche Eigenschaften zugeschrieben.
Bsp. 2a) „die Fliege aufstöhnt" (Franz Blei)
Bsp. 2b) „Hunde fluchen" („Die Dämmerung"/Alfred Liechtenstein)
	Hier äußern Tiere sich auf menschliche Weise.

Bsp. 3a) „April, verwöhntes Kind, du weinst“ (Franz Blei)
Bsp. 3b) „Dein Lächeln weint in meiner Brust“ („Untreu“/August Stramm)
   Hier weinen Abstrakta.

Bsp. 4a) „Der Regen weint an mein Fenster“ (Franz Blei)
Bsp. 4b) „eine Weide weint/Das Laub auf sie“ („Ophelia«/Georg Heym)
   Hier weinen Konkreta.

Strukturell ist das hervorstechendste Merkmal bei Bleis Haiku sicherlich die Verwendung von Kontrasten. Damit ist nicht die japanische Technik der Verwendung von Gegensatzpaaren im Haiku (*tori-awase*) gemeint, wobei zwei konkrete Motive unkommentiert gegenübergestellt werden. Bei Blei bestehen die Kontraste nicht zwischen zwei greifbaren Dingen und sind oft in einen Gedankengang bzw. in einen kausalen Zusammenhang eingebettet. Konkret bspw.: „brüllen/erschreckt sein“, „lachen/weinen“, „Sterne in der Nacht/Sterne am Morgen“, „weinen/Sonnenstrahl“, „gefangen sein/entschlüpfen“, „Straßen tags/Straßen nachts“.

Einfache konkrete Bilder, die im japanischen Haiku so zentral sind, verwendet Blei fast gar nicht; lediglich in einem seiner Haiku („Maria“) entwirft er eine konkrete Szenerie ohne weitere Ergänzungen wie durch einen Kommentar oder eine emotionale Zuschreibung. Dagegen führt er in gleich drei Haiku einen Gedankengang aus („Sag nicht nein“, „Wie weit“ und „Wär nur der Tag“).

Die ersten veröffentlichten deutschsprachigen Haiku sind also bereits in der überschriftlosen Form zu drei Zeilen, dabei ohne feste Verslänge und Metrum, geschrieben. Sprachlich sind Einflüsse des Expressionismus unverkennbar, strukturell wird insbesondere mit Kontrastmotiven gearbeitet. In einem knappen Drittel nutzt Blei die neue Form, um auf kleinstem Raum einen Gedankengang zu entwerfen. Baut die weitere Haiku-Dichtung auf diesen Grundlagen auf, oder schlägt sie eine neue Richtung ein? Das wird Thema der nächsten Folge.

Neue DHG-Mitglieder

Die Deutsche Haiku-Gesellschaft hat wieder Zuwachs bekommen. Seit Mitte Juni 2024 durften wir 16 neue Mitglieder begrüßen: Herzlich willkommen! Wir haben die neuen DHGler eingeladen, uns Haiku aus ihrer Werkstatt zu schicken. Zehn haben geantwortet, hier eine Auswahl ihrer Werke.

Thomas Dietz aus Feldafing/Bayern

aus dunkler Nacht
schwebt Schnee in mein Gesicht
der Himmel schmilzt

Neujahrsmorgen
draußen der Schnee:
… von gestern

Kirsten Döbler aus Braunschweig/Niedersachsen

Im Atemrhythmus
der Meereswogen
Delfintänze

Unter Sternen
der tiefe Atem
der Nacht

Ina Luna Dölken aus Kommern in der Eifel/NRW

Auf den Weg machen
Sehnsuchtsorte erspüren
angekommen sein

Frühling ist erwacht
Wellen schäumen das Wasser
Berg im Gischtnebel

Winfried Jokisch aus Düsseldorf/NRW

Neue Weintrauben
Der alte Dampfentsafter
Sommers Sonnenkraft

Unser Park – gepflegt
Die Natur regeneriert
Zum Frühling bereit

Wolfgang Luley aus Mannheim/Baden-Württemberg

Blicke wie Preisschilder
Der alte Kunstgalerist
im Kreis reicher Damen

Neujahrsmorgen.
Die Feuerwehrfrau und ich
zittern still im Frost

Astrid Niedermeier aus Regenstauf/Bayern

Venus leuchtet
am Horizont errötet
der Abendhimmel

Badefreuden am
Fluss, Kühe beäugen uns
wiederkäuend

Maximilian Pohl aus Unstruttal/Thüringen

Prasselnder Regen
eine einzelne Amsel
stört sich nicht daran.

Gurrende Tauben
der Bäcker in der Gasse
Morgens um halb neun

Tim Scharnweber aus Karlsdorf-Neuthard/Baden-Württemberg

Flugzeugschweif
in der Morgensonne
anderswo sein

Winterabend
Die Tür öffnen zur Wärme
deines Lächelns

Kristoffer Schneider aus Halle an der Saale/Sachsen-Anhalt

Immer weiter
Laub harken
im Sturm

Februar:
eine Nachtigall singt
Frühlingsgefühle

Gerhard Stachora aus Vilgertshofen-Issing/Bayern

nebel verhängen
vielfalt und ferne
nässe nestelt im gemüt

insekt
im frostfreien rindenspalt
aus der welt

Kompakt

Haben Sie immer schon mal einen Begriff rund ums Haiku gehabt, zu dem Sie gerne etwas mehr erfahren würden? Dann schreiben Sie an die Redaktion oder an post@claudiabrefeld.de.

Claudia Brefeld

Fūryū

Die japanische Ästhetik *fūryū* (風流) ist ein wichtiges Konzept in der traditionellen Kultur. Gleichzeitig ist die Definition des Begriffs eine komplizierte Angelegenheit. Er wurde vom chinesischen Wort *fenglui* abgeleitet, welches mit „fließender/wehender Wind" übersetzt werden kann. Zugleich hatte *fenglui* in chinesischen Texten mehrere Bedeutungen. Es galt als Metapher und wurde unter anderem „als Beschreibung von elegantem, aber unkonventionellem Verhalten und ästhetischem Geschmack verwendet, der von der daoistischen Lehre und buddhistischen Gedanken inspiriert ist." Manchmal wurden mit diesem Begriff aber auch eine Wertschätzung und ein Ausdruck von sinnlich-ästhetischen Empfindungen beschrieben.

Mit der Verbreitung chinesischer Texte in Japan vermischten sich die vielfältigen Bedeutungen mit dem einheimischen Gedankengut, was die Definition von *fūryū* insgesamt schwieriger machte. Im ästhetischen Sinne bezog sich *fūryū* im 8. Jahrhundert in Japan auf das elegante Verhalten eines kultivierten Menschen. Später wurde es auf Dinge angewandt, die als elegant, stilvoll oder künstlerisch angesehen wurden. Ab dem 12. Jahrhundert entwickelten sich daraus zwei Varianten. Die erste stand für irdische, protzige Schönheit, mit der zweiten versuchte man, *fūryū* in der Schönheit von Landschaftsgärten, Architektur und Gedichten über die Natur zu entdecken. Aus dieser Variante entstand übrigens später auch die Teezeremonie. Während der Edo-Periode (1603–1868) kristallisierte sich unter anderem eine populäre Interpretation des *fūryū* heraus, die in der Kunstform der *haikai*-Dichtung (und auch der *nanga*-Malerei) zum Ausdruck kam. Diese Interpretation liegt in den beiden Schriftzeichen 風流, Wind und Fließen. So wie der bewegende Wind kann *fūryū* nur gefühlt, nicht aber gesehen werden. Es ist greifbar und wiederum nicht greifbar in der Eleganz, die es impliziert, und bringt eine wortlose, vergängliche Schönheit, die nur im Moment erlebt werden kann, zum Ausdruck.

Für Matsuo Bashō war *fūryū* ein tiefes Verständnis der chinesischen Literatenkultur, das eine Zurückgezogenheit von der Welt und die Hingabe an einfache Freuden betonte. In seinem Tagebuch *Oku no hosomichi* kann man folgenden Abschnitt finden:

„Nach meiner Ankunft in der Poststation von Sukagawa suchte ich einen Mann namens Tōkyū auf, der darauf bestand, dass wir einige Tage in seinem Haus blieben. Er fragte mich, wie es mir an der Shirakawa no Seki (Shirakawa-Barriere) ergangen sei. Ich antwortete, dass ich nicht in der Lage gewesen sei, Gedichte zu schreiben. Ich sei von der langen Reise völlig erschöpft gewesen, auch weil ich von der Landschaft und von nostalgischen Gedanken an die Vergangenheit überwältigt gewesen sei. Es wäre jedoch bedauerlich gewesen, die Shirakawa-Schranke zu überqueren, ohne einen einzigen Vers zu schreiben, also schrieb ich:

風流の初めやおくの田植うた
fūryū no/hajime ya/oku no taue uta"

(in: Bashō and the Dao. The Zhuangzi and the Transformation of Haikai)

first elegance on my journey	erste Eleganz auf meiner Reise
deep in the north-eastern district	tief im nordöstlichen Bezirk
rice-planting songs	Reispflanz-Lieder
Tr. L.P. Lovee	

Man sagt, dass, wenn man nach der Shirakawa-Barriere die Oshu-Straße betritt, die Reispflanzlieder, die die Menschen zur Reispflanzzeit singen, „eine tiefe, rustikale Atmosphäre haben", und dass dies der erste Schritt ist, um in die anmutige Eleganz von Michinoku (Oshu) einzutauchen.

In Diskussionen rund um *fūryū* und *fūga* schälte sich übrigens schon zu Zeiten Bashōs heraus, dass *fūga* als Eleganz der Literatur anzusehen ist, da es sich speziell auf die Kunst des *haikai*-Schreibens bezieht, während *fūryū* eine viel breitere Bedeutung hat, also auf etwas Grundlegenderes wie zum Beispiel das Wunder und die Eleganz der landschaftlichen Schönheit hinweist.

Quellennachweise:

– Peipei Qiu (2005): Bashō and the Dao. The Zhuangzi and the Transformation of Haikai. University of Hawai'I Press. Honolulu. S. 1–265. ISBN 0-824828-45-3

– JAPANESE AESTHETICS: FURYU
https://shiseidodojo.wordpress.com/2010/05/09/japanese-aesthetics-furyu/ (18.01.2025)

– Fuuryuu, fūryū 風流 Furyu, elegant, tasteful, refined
https://wkdhaikutopics.blogspot.com/2007/02/misery.html (18.01.2025)

– HIA – Bashō's haiku in Japanese and English by L.P. Lovee
https://www.haiku-hia.com/about_haiku/basho300_en/archives/300-12_en.html (18.01.2025)

– Haiku of Bashō
http://knt73.blog.enjoy.jp/blog/2022/02/300111300-1edc.html (18.01.2025)

Auswahlen

Die Haiku- und Tanka-Auswahl März 2025

Es wurden insgesamt 287 Haiku von 101 Autoren/Autorinnen und 65 Tanka von 28 Autoren/Autorinnen für diese Auswahl eingereicht. Einsendeschluss war der 15. Januar 2025. Diese Texte wurden vor Beginn der Auswahl anonymisiert.

Die Wertung der aktuellen Auswahl der HTA wurde koordiniert von Peter Rudolf.

Der Einsendeschluss für die nächste Haiku-/Tanka-Auswahl
ist der **15. April 2025.**

Bitte **alle** Haiku/Tanka **unbedingt gesammelt in einem Vorgang** in das Online-Formular auf der DHG-Webseite HALLO HAIKU **selbs**t eintragen: https://haiku.de/haiku-und-tanka-auswahl-einreichen/
Ansonsten per Mail an: auswahlen@sommergras.de

Jeder Teilnehmer kann bis zu **sechs** Texte – **drei** Haiku und **drei** Tanka – einreichen. Eingereicht werden können **nur bisher unveröffentlichte Texte** (gilt auch für Veröffentlichungen in Blogs, Foren, **inklusive die Foren auf HALLO HAIKU**, sozialen Medien und Werkstätten etc.).

Bitte keine Simultan-Einsendungen.
Bitte denselben Text nicht wiederholt einreichen.

Jedes Mitglied der DHG hat die Möglichkeit, eine Einsendung zu benennen, die bei Nichtberücksichtigung durch die Jury auf einer eigenen Mitgliederseite veröffentlicht werden soll.

Mit der Einsendung gibt der Autor/die Autorin das Einverständnis für eine mögliche Veröffentlichung in der DHG-Haiku-Agenda.

Haiku-Auswahl

Die Jury bestand aus Birgit Schaldach-Helmlechner, Dagmar Westphal und Torsten Hesse. Die Mitglieder der Auswahlgruppe reichten keine eigenen Texte ein.

Alle ausgewählten Texte – 35 Haiku von 30 Autoren – werden in alphabetischer Reihenfolge der Autorennamen veröffentlicht. Es werden max. zwei Haiku pro Autor/Autorin aufgenommen.

„Ein Haiku, das mich besonders anspricht" – unter diesem Motto besteht für jedes Jurymitglied die Möglichkeit, bis zu drei Texte auszusuchen (noch anonymisiert), hier vorzustellen und zu kommentieren.

Ein Haiku, das mich besonders anspricht

> nebelland
> alle wege führen
> in mich
>
> **Frank Dietrich**

Nebel – der mal mehr, mal weniger zähe Dunst hat jahreszeitlichen Bezug zu den Herbst- und Wintermonaten. Es haften ihm sowohl faszinierende Kräfte als auch gruselige Attribute an. Metaphorisch wird er oft verwendet, um Unklarheit, Unsicherheit oder auch Einsamkeit zu beschreiben.

Dieses Haiku hat elf Silben, und die dreisilbige Eröffnungszeile *Nebelland* veranschaulicht eine nicht näher bezeichnete, verschleierte Landschaft. Es könnte sich um ein abgegrenztes Grundstück, eine dörfliche Gegend und, bei der Vielfältigkeit an Deutungsmöglichkeiten, sogar um ein noch deutlich größeres Gebiet handeln. In der zweiten Zeile sind Wege Bestandteil des äußeren Naturbildes, und der adjektivisch verwendete Begleiter *alle* weist auf eine unbestimmte Anzahl hin. Aus dem Verb *führen* ist hier noch keine Richtung herauszulesen, jedoch bahnt sich Bewegung an. Die Wege sind aktive Gestalter und verknüpfen in der dritten Zeile die äußere mit der inneren Welt. Ob überhaupt – und wenn welche Wege introspektiv nun begangen werden, oder wie tief diese *in mich* führen, erfahre ich nicht. Ich stelle mir zudem die Frage: Liegt die innere Landschaft im hellen Licht, oder zeigt sich darin ebenso die sichteinschränkende Charakteristik, sodass die Undurchdringlichkeit sich widerspiegelt und das Weitergehen ohne klare Orientierungspunkte zur angstbesetzten Herumstocherei werden kann?

Eine Nebelhülle kann aber genauso Schutz sein, ein zur Vorsicht mahnender Fingerzeig, nicht einfach vorzupreschen, ohne mögliche Konsequenzen zu bedenken, denn was das dichte Grau verbirgt, ist allenfalls zu erahnen. Manchmal ist es deshalb ratsam, sich in Geduld zu üben und ein bisschen zu warten, bis die Sonne die Luft erwärmt und der Nebel sich auflöst.

Ausgesucht und kommentiert von Birgit Schaldach-Helmlechner

erste tage
im neuen Jahr – wie müde
ich geworden bin

Gabriele Hartmann

Der Beginn des neuen Jahres ist ein Kigo im klassischen Haiku und, anders als sonst, sind in Neujahrs-Haiku Reflexionen und Selbstauskünfte des Autors nicht unüblich. Doch warum ist der Autor/die Autorin müde? Zu intensiv Silvester gefeiert? Das wäre trivial. Doch andere Gründe sind denkbar. Wenn sich im Leben nichts zum Besseren wendet, wenn die Probleme des neuen Jahres die des alten sein werden? Wenn das neue Jahr nur eine neue Runde im Hamsterrad ist?

Wird chronische Müdigkeit zu einem heimlichen Problem in unserer Gesellschaft? Nicht nur als Langzeitfolge von COVID-19, sondern auch als körperliche Reaktion auf die seelische Überforderung durch Arbeitsverdichtung, Informationsüberflutung, eine überkomplexe Umwelt, und

Probleme wie den Klimawandel, denen der und die Einzelne hilflos gegen-
übersteht?

Psychische Erkrankungen sind die dritthäufigste Ursache für Arbeits-
unfähigkeit in Deutschland. Spontan denkt man an Burn-Out und an De-
pressionen, sogar schon bei jungen Leuten. Das Haiku thematisiert, so
scheint es mir, ein wichtiges, wenig beachtetes Thema.

Dabei hat es nahezu die Form eines klassischen Haiku – wenn man das
von einem nicht-japanischen Haiku überhaupt sagen kann. Die Zäsur in
der Mitte der zweiten Zeile – als *dōgire* („Schnitt durch den Leib“) bezeich-
net – ist in japanischen Haiku eher selten. Im vorliegenden Fall bewirkt
sie, dass das Wort „müde“ größtes Gewicht bekommt.

Ausgesucht und kommentiert von Torsten Hesse

Winzige Wellen
In den Wogen des Windes
Ein formloser Tanz

Tom Kulhanek

Stille Tage – nicht enden wollende Trübnis, eine alles erstickende Wolken-
decke, die mich lähmt. Plötzlich ein Hauch von irgendwoher, ein leiser
Luftzug berührt einen Grashalm, bewegt Blätter – ein sich zaghaft nähern-
des Wispern und Flüstern, ein erwartungsvolles Brausen schwebt über der
Erde, entfernt sich, kommt näher, ergreift mich, berauscht – ich eine win-
zige Welle in den Wogen des Windes lausche und tanze mit allem, was lebt,
den ewigen Tanz.

Ein Haiku mit klassischer Silbenzahl, lautmalerisch wie der Wind. Es
spricht all meine Sinne an und lässt eine Zäsur an unterschiedlichen Stellen
offen.

Ausgesucht und kommentiert von Dagmar Westphal

Langes Telefonat
Der Nachbar räumt
meinen Schnee

Bernd Reklies

Ein Haiku mit Kigo: Schnee. Das ist keine Zutat, informiert nicht nur über die Jahreszeit, erzeugt auch nicht nur eine Stimmung, sondern benennt das Problem: Der Schnee muss geräumt werden, so verlangt es die Vorschrift, doch der Autor/die Autorin kann es nicht tun, ist vielleicht krank oder behindert. Erst nach einem langen Telefongespräch hat der Nachbar sich bereiterklärt, die Arbeit zu übernehmen.

Das Haiku verrät uns nicht, was am Telefon gesprochen wurde. Ging es nur darum, dass der Nachbar eigentlich keine Zeit hatte? Oder war das nachbarschaftliche Verhältnis getrübt? Hatte es in der Vergangenheit Streit gegeben? Musste erst um Verzeihung gebeten werden? Wir erfahren nicht, was es den Autor/die Autorin gekostet hat, den Nachbarn zur Hilfeleistung zu bewegen, doch wir spüren die Erleichterung darüber, dass es gelungen ist.

Das Haiku spricht ein Problem an, das in unserer Gesellschaft zunimmt: Einsamkeit. Im konkreten Fall geht es nicht um Einsamkeitsgefühle, sondern um das objektive Auf-sich-allein-gestellt-Sein kranker und alter Menschen in einer Kultur, in der traditionelle Familienstrukturen verschwinden, ohne dass Ersatz in Sicht ist.

Und ich finde es erstaunlich, wie das Haiku mit wenigen nüchternen Worten ein spannungsreiches inneres Geschehen ahnen lässt: von der Not, das Problem nicht selbst lösen zu können über die Auseinandersetzung mit dem Nachbarn bis zur Erleichterung nach der Hilfszusage — all das durch die Nennung zweier rein äußerlicher Tatbestände: dass ein langes Telefonat stattgefunden hat, und dass der Nachbar den Schnee räumt.

Ausgesucht und kommentiert von Torsten Hesse

An der Straße
die schwarze Katze –
schon seit Wochen

Jan Weck

Es führt kein Weg daran vorbei, auch heute werde ich sie wieder sehen.
Doch vielleicht sollte ich einen Umweg machen – nein, ich will wissen, ob
sie noch da ist: die schwarze Katze. Was ist ihr geschehen? Hat sie sich
verlaufen? Oder wurde sie vielleicht ausgesetzt? Vermisst sie denn keiner?
Fragt niemand, ob sie es geschafft hat – und vielleicht noch lebt? Und
wenn nicht, warum nur kümmert sich keine Menschenseele um sie und
überlässt sie ihrem schicksalhaften Tod … wenn sie heute noch da sein
sollte, werde ich anhalten und aussteigen – versprochen.

Ausgesucht und kommentiert von Dagmar Westphal

Die Auswahl

Taschenuhren
Opa war
so weit weg

Martin Berner

deine Augen …
mein Herz atmet
Kirschblüten

Claudia Brefeld

Häuserruinen
nur eine Taube
und ihr Schatten

Claudia Brefeld

Unterführung
die Schritte mitgenommen
vom Echo

Heiner Brückner

Nebeltage –
der Lerche Gesang
öffnet den Himmel

Horst-Oliver Buchholz

Spätwinter –
auf dem Kassenband
frühe Narzissen.

Reinhard Dellbrügge

nebelland
alle wege führen
in mich

Frank Dietrich

bachkiesel –
im eiskalten wasser
ein wirbellicht …

Ruth Guggenmos-Walter

Heiligabend
ich suche noch immer
nach einer Wohnung

Birgit Heid

Frühnebel –
Krähen kreuzen
meine Gedanken

Hubert Heizmann

enten auf dem eis
ach! wie schwer werden mir
die stiefel

Georg Leng

Lavendel schneiden
ein Schmetterling nimmt Platz
auf meiner Schulter

Ramona Linke

Erwachendes Gras.
Jeder hängende Tropfen
spiegelt die Welt.

Volker Friebel

erste Tage
im neuen Jahr – wie müde
ich geworden bin

Gabriele Hartmann

Weihnachtsbriefe
meine Abende
mit alten Freunden

Birgit Heid

Tautropfen –
die zögerliche Rückkehr
des frühen Lichts

Klaus Kornexl

so viele Sterne
weit hinter dem Nebel …
Allerseelennacht

Eva Limbach

Wintermond
der Duft von Orangen
an seinen Händen

Ramona Linke

gesammelte Steine
ihr Zauber
am Strand geblieben

Ingrid Meinerts

erster Schnee
zum letzten Mal
in ihrem Garten

Eleonore Nickolay

Festtagsessen
auf meiner Zunge
ein Zahn

Renate Maria Riehemann

Wolkenbänder
zerfasert vom Wind –
Morgengedanken

Tim Scharnweber

Adventsausstellung –
zwischen Kunst und Keramik
zwei Katzen

Kristoffer Schneider

Mondsichel
Großvater träumend
im Schaukelstuhl

Angelica Seithe

allein im Heim
sie lauscht den Vogelstimmen
auf der CD

Ruth Karoline Mieger

Langes Telefonat
Der Nachbar räumt
meinen Schnee

Bernd Reklies

der Gang zur Arbeit
durchs frisch geölte Tor
irgendetwas fehlt

Wolfgang Rödig

erste Tanzstunde
seine Füße führen
ein Eigenleben

Evelin Schmidt

Im Zug:
Plötzlich ganz laut
die Stille

Kristoffer Schneider

eine note von himbeere ...
ihre art
zu lachen

Helga Stania

an der Straße
die schwarze Katze
schon seit Wochen

Jan Weck

im Rollkoffer
über das Kopfsteinpflaster
ihr ganzes Hab und Gut

Helga Weiss

weites Grünland
nichts als ein Silberreiher
inmitten der Stille

Klaus-Dieter Wirth

die gestrickten Socken
der Freundin
bleiben

Helga Weiss

Frühling
das befreite Poltern
der Pferdehufe

Friedrich Winzer

Die Jury stellt sich vor

Dagmar Westphal

Vor über 30 Jahren bot ich meine ersten lyrischen Versuche auf dem Weihnachtsmarkt einer Kirchengemeinde an. Eine Frau fand Gefallen daran und lud mich ein in den Celler Autorenkreis. Dort hörte ich vom kürzesten Gedicht der Weltliteratur und war begeistert.

Mit einem Dreizeiler – der jedoch wenig Ähnlichkeit mit einem Haiku hatte, wie ich von der mittlerweile verstorbenen Vorsitzenden Margret Buerschaper damals erfahren musste – bewarb ich mich um die Mitgliedschaft in der Deutschen Haiku-Gesellschaft.

Wie viele Haiku seitdem aus meiner Feder geflossen sind, weiß ich nicht. Am liebsten sind mir diejenigen mit klassischer Silbenzahl. Sie mischen sich unter alles andere Verdichtete, das ich im Laufe der Jahre neben Märchen und einem Roman in einigen Lyrikausgaben veröffentlicht habe, und sie finden sich auch auf Fotokarten und Kalendern als Geschenk für mir lieb gewordene Menschen.

Faszinierend, auf Haiku-Veranstaltungen hinter Papier und Druckerschwärze lebendigen menschlichen Wesen zu begegnen, in die sich frau manchmal auch verliebt:

warum schreibe ich –
um mir und den anderen
nahe zu sein

Torsten Hesse

In einem Buchladen, Anfang der 90er Jahre, fiel mein Blick auf ein kleines Taschenbuch, denn auf seinem Umschlag war „Die große Woge" von Hokusai zu sehen. Das Bild kannte ich, und so war ich neugierig auf den Inhalt des Buches – sicher irgendetwas Japanisches. Es war eine Auswahl klassischer Haiku, ins Deutsche übertragen von Dietrich Krusche. Das Büchlein hat mich dann mehr als 30 Jahre lang begleitet; immer wieder habe ich es gelesen, oft in einem Zug vom Anfang bis zum Ende.

Nie kam mir der Gedanke, selbst Haiku zu schreiben – ich fühlte mich nicht zum Dichter berufen. Aber weil ich gern Gedichte rezitiere, habe ich mehrmals Haiku aus dem Büchlein vorgetragen, unterbrochen von musikalischen Improvisationen auf diversen Flöten. Auf der letzten Veranstaltung dieser Art sagte mir eine Besucherin, sie schreibe selbst Haiku, und zeigte sich verwundert und etwas enttäuscht, dass die von mir vorgetragenen nicht dem 5/7/5-Silbenschema entsprachen.

Ich wusste, dass klassische japanische Haiku nach diesem Schema gebildet waren, fand es aber ganz natürlich, bei der Übertragung ins Deutsche den Fokus auf den Inhalt zu richten statt zu versuchen, diese uns fremde Form zu imitieren. Doch, angeregt von besagter Besucherin, dachte ich mir: Wenn man Haiku nicht aus dem Japanischen übersetzt, sondern auf Deutsch schreibt, kann man es mit den 5/7/5 Silben vielleicht

50

probieren. So bin ich vor zwei Jahren zum Haiku-Schreiben gekommen.

Inzwischen bin ich DHG-Mitglied, und einige meiner Dreizeiler haben es in die Auswahlen im SOMMERGRAS und bei Haiku heute geschafft (eins wurde sogar ins Japanische übersetzt und auf der HIA-Website veröffentlicht). Im letzten Jahr habe ich für die DHG alte Ausgaben der Vierteljahresschrift digitalisiert und dadurch ganz nebenbei einen Einblick in die Geschichte des Vereins bekommen. Und nun war ich zum ersten Mal Juror.

Immer noch fühle ich mich nicht zum Dichter berufen. Das Haiku-Schreiben ist für mich ein reizvolles Spiel. Es besteht darin, die Haiku-Form immer wieder auf neue Weise mit Inhalt zu füllen und sie dadurch neu zu verwirklichen. Beim Wandern in der Natur kommen mir Ideen für Haiku-Inhalte, und dann entsteht eine Wechselwirkung zwischen dem Inhalt und der Haiku-Form, die den Inhalt auch radikal verändern kann. Diesen Prozess finde ich spannend.

Die Frühlingssonne
durch's winterkahle Geäst
malt lichte Schatten.

Birgit Schaldach-Helmlechner

Begeisterung für Bücher und für das Schreiben ziehen sich wie ein roter Faden durch mein Leben. Lyrik steht dabei seit meiner Jugend an erster Stelle. In den 1980ern kam ich durch den persönlichen Kontakt zu Ludwig Steinfeld erstmals in Berührung mit den Dreizeiler-Gedichten, spürte jedoch keinen Impuls, mich näher damit zu beschäftigen. So führte sein Buch „Der Weg zum Haiku" lange ein Mauerblümchendasein in meinem Bücherregal.

Erst in einem Hypnocoaching-Workshop, ziemlich genau 20 Jahre später, wir machten Wahrnehmungsübungen in der freien Natur, hatte ich urplötzlich den Eindruck, dass – inmitten von fröhlichen Trillern – ein zweisilbiger, sonorer Vogelruf kurz herausstach. Ich glaubte zwar nicht, das Wort „Haiku" als solches vernommen zu haben, doch das Gehörte wurde quasi Weckruf für das Zurückerinnern.

„Anregung zum Selbermachen", mit diesen Worten hatte mir der Autor damals sein Buch in die Hand gedrückt. – Von da an beschritt ich meinen persönlichen Haiku-Weg. Im Hier und Jetzt sein, achtsam innehalten, wahrnehmen, den Augenblick erzählen lassen (möglichst) ohne zu bewerten … Ich freue mich über die Bandbreite an Möglichkeiten, die ein kurzer Moment in mir zu entfalten vermag.

> dir zeig' ich meine
> sentimentale seite –
> wolfsmond

Da die Jury sich aus wechselnden Teilnehmern zusammensetzen soll, möchten Eleonore Nickolay und Peter Rudof an dieser Stelle ganz herzlich alle interessierten DHG-Mitglieder einladen, als Jurymitglied bei kommenden Auswahl-Runden mitzuwirken. Die nächste Auswahl (HTA-149) wird koordiniert werden von Peter Rudolf. Kontakt: peter.rudolf@dhg-vorstand.de

Sonderbeitrag von René Possél

René Possél hat aus allen anonymisierten Einsendungen ein Haiku ausgesucht, das ihn besonders anspricht.

> Weihnachtsbriefe
> meine Abende
> mit alten Freunden
> **Birgit Heid**

Weihnachten ist vorbei. Was bleibt, ist hier die Weihnachtspost von alten Freunden. Nach dem Fest füllt die Lektüre der Freundes-Briefe noch manche Abende des Haiku-Schreibers („alte Freunde"!). Das ist alles. Im Haiku schwingen Wehmut und Dankbarkeit mit.

Das Wort „Weihnachtsbriefe" in der ersten Zeile weckt vermutlich die schönsten Assoziationen: Da hat ein Mensch Briefe bekommen zum Christfest. Sie sind von „alten Freunden", die an ihn denken.

Wie mag der Schreiber Weihnachten verbracht haben? Mit lieben Menschen oder allein? Die Grüße der Freunde zum Fest der Liebe werden im späteren Lesen der Briefe jedenfalls noch ausgekostet.

In der Situation erscheint einiges so altmodisch wie menschlich:
— dass alte Freunde über das Schreiben von Briefen bis ins Alter miteinander in Verbindung bleiben;
— dass man sich überhaupt (längere) Briefe schreibt zu Weihnachten und nicht nur Karten oder Mails;
— dass die Briefe vom Empfänger mit Zeit und Ruhe gelesen und auf diese Weise wertgeschätzt werden.

Wer sich Zeit nimmt, die Briefe alter Freunde zu Weihnachten an den Abenden danach noch zu lesen — der ist vermutlich älter und eher allein. Die briefliche Gesellschaft der Freunde gehört womöglich zu dem, was ihm an menschlicher Zuwendung bleibt …

Man kann bei dem Haiku auf die zwei Seiten der Situation schauen: Auf die Einsamkeit des Brief-Lesers oder eben darauf, dass die alten Freunde immer noch an ihn denken — Traurigkeit oder Dankbarkeit. Das Haiku ist nicht sentimental, sondern einfach und undramatisch, aber auch berührend. Es spricht daraus eine nüchterne Dankbarkeit. Das ist keine schlechte Haltung zum Rückblick auf das alte und zum Ausblick auf das neue Jahr für Haiku-Schreiber- und -Leser/-innen.

Tanka-Auswahl der HTA

Die Auswahl wurde von Claudia Brefeld, Horst-Oliver Buchholz und Sylvia Hartmann vorgenommen. Sie wählten 14 Tanka von 11 Autoren/Autorinnen aus. Es werden maximal zwei Tanka pro Autor/Autorin aufgenommen.
„Ein Tanka, das mich besonders anspricht" – hier wird ein Tanka besprochen.

Ein Tanka, das mich besonders anspricht

Rentenbeginn
morgens im Bett
den Nachbarn lauschen
die mühsam
Autoscheiben freikratzen

Marie-Luise Schulze Frenking

Wie gut einem ein Gedicht gefällt, hängt immer mit von der Situation ab, in der man sich befindet. Ich genieße gerade die ersten Monate meines Ruhestands, nach Jahren, in denen ich, wie das im Beruf üblich ist, viele Termine pünktlich einhalten musste. Bei uns im Bergischen Land, wo es gerne schon mal kälter ist als anderswo, herrschen im Winter erschwerte Bedingungen: Eis und Schnee behindern die Fortbewegung, sei es mit dem Auto, den öffentlichen Verkehrsmitteln oder zu Fuß. Man muss deutlich früher in den Tag starten, um das Auto startklar zu machen, und kann sich aus Sicherheitsgründen nur langsam fortbewegen. Bei Kälte und Dunkelheit macht das alles keinen Spaß. Doch diese Mühen liegen nun hinter mir. Wenn die Nachbarn morgens früh die Scheiben am Auto freikratzen, kann ich mich noch einmal gemütlich im Bett herumdrehen und weiterschlafen. Das Glück des Lebens, im Ruhestand oder auch sonst, kommt oft in Kleinigkeiten zum Ausdruck. Dieses Tanka fängt einen solchen Glücksmoment ein. Darum ist es für mich gelungen.

Ausgesucht und kommentiert von Sylvia Hartmann

Die Auswahl

dicke schneeflocken
steigen nach oben
im wirbelwind …
als möchten sie zurück
zu den wolken …

Ruth Guggenmos-Walter

und dann greife ich
doch nochmal in den Kleidersack
und fische sie raus
meine Erinnerungen
an unseren letzten Tanz

Gabriele Hartmann

nach der Autofahrt nach Hause
habe ich Mühe
mich wieder einzufinden
welche Orte
tief in mir schlummern

Birgit Heid

das dünne eis bricht
unter seinem gewicht
der schwan fliegt davon

ein meer aus scherben
zurücklassend

Ludmilla Pettke

Friedhofswege
von Raureif überzogen
Gräser und Namen
an deinem frischen Grab
steht ein anderer Mann

Frank Sauer

buddhagleich jedoch
der Schneemann schafft es nicht
ins neue Jahr

sonnenbeschienen im Gras
die zernagte Karotte

Jochen Hahn-Klimroth

ich kaufe mir
ein neues Adressbuch
mit der leisen Ahnung
dass ich mich von manchen Menschen
endgültig trennen muss

Birgit Heid

über Nacht
haben sich einige der Blätter
in Gold verwandelt
Linde, wirst du mich lehren
wie man loslässt?

Deborah Karl-Brandt

ihm vergeht der Appetit
schon wieder ihre Predigt
nach dem Tischgebet
das Kind hält die Gabel
in der falschen Hand

Wolfgang Rödig

nach der Nacht
im Zelt
der Luxus
eines Bechers
mit heißem Instantkaffee

Marie-Luise Schulze Frenking

Rentenbeginn
morgens im Bett
den Nachbarn lauschen
die mühsam
Autoscheiben freikratzen

Marie-Luise Schulze Frenking

Entrümpelung
Großmutter zu Ehren
lasse ich
den Wasserkessel
noch einmal pfeifen

Friedrich Winzer

auf dem pony
das kleine mädchen
eine helle perle
in der kette
meiner zeit

Helga Stania

sie steht noch
die Bank vom ersten Kuss
nach sechzig Jahren
setzen wir uns lächelnd
und lassen uns verzaubern

Friedrich Winzer

Mitgliederseite

Jedes Mitglied der DHG hat die Möglichkeit, eine Einsendung zu benennen, die bei Nichtberücksichtigung durch die Jury der Haiku- und Tanka-Auswahl auf dieser Mitgliederseite veröffentlicht werden soll.

sekundenschlaf
ein verirrter tintenstrich
in der mitschrift

Sylvia Bacher

Magnolienweißweiß
sein Herz
macht einen Sprung

Martin Berner

im Hospiz
mit ihrer Nachtstimme
spricht sie vom Mondschein

Christof Blumentrath

wieder verliebt
Tautropfen
auf der Prachtwinde

Maya Daneva

Kaminfeuer
das erwärmende Lächeln
des Enkelkindes

Hildegard Dohrendorf

Eine Fledermaus,
Hamster oder Igel sein ...
Winterschlafsehnsucht!

Josef Graßmugg

Über Unfrieden
der das Land fest im Griff hat
fällt gütlich der Schnee

Thomas Berger

Fliege in Pfütze
Ich reiche dir die Stange
Sind wir Nützlinge?

Eva Beylich

saubere Stiefel
das Warten auf Nikolaus
am Morgen – wie leer

Verona Costache

Im Tagebuch
das Leben
geordnet

Kirsten Döbler

Herbst – auf die Straße
dringt ein Lied.
Es wird nass.

**Shirinkhanim Eyvazova
alias Alov Inanna**

Frühlingsboote am Main
Anton Dvořák
Opus 88/3

Claus-Detlef Großmann

flughafen valencia
das rollen fremder
zungen
Alexander Groth

Schneereste
das satte Grün
seines Hemdes
Gabriele Hartmann

zur taubenabwehr –
auf des plastikraben kopf
sitzt 'ne meise
Bernhard Haupeltshofer

alter Hymnus
schon zur blauen Stunde
der Morgenstern
Angelika Holweger

Spätherbstsonnenschein –
Freude für Leib und Seele –
ein Rollator-Tag.
Manfred Karlinger

Frühes Marktschreien
Vögel zwitschern frohgemut
Frühling in Kreuzberg
Pedro Meier

Sternsingersegen
die Erinnerung verblasst
an der Haustür
Renate Maria Riehemann

Winterblüte –
vor dem Ankleidespiegel
die Nachbarin
Claus Hansson

Sonnenschein knabbert
am Schnee – der Winter streckt sich
nach der Decke
Sylvia Hartmann

Wand an Wand
seine Uhr tickt
auch mir
Birgit Heid

Herbstblätter
ein Holzhacker ruht aus,
bald bunt bedeckt.
Saskia Ishikawa-Franke

Dunkelste Nacht
nur ein leuchtender Stern
dringt durchs Wolkenmeer
Katja Leonhardt

goldgelber ginkgo
im hinterhof des primark
stuttgarts kleines glück
Johann Reichsthaler

über dem Sumpfland
ein Seidenreiher und
Spionagedrohnen
Dragan Ristić

Saunagang
wieviele Tropfen passen
auf den heißen Stein
Sebastian Salie

kindergeburtstag
seifenblasengelächter
im wind
Tim Scharnweber

Silvesterabend
lassen auf dem Eis
Steinchen klirren
Evelin Schmidt

Im Raureif erstarrt
das Spinnennetz zwischen
Tür und Angel
Sulamith Sommerfeld

zwei Reihen Parker
ihr Fischgrätmuster schluckt
den Amselschlag
Traude Veran

dünne Grashalme
zeichnen Figuren im Schnee
eine Augenweide
Johannes Weber

Wintersonnenwende
neues Feuerholz stapeln
für kommende Jahre
Jan Weck

am Himmel
das Schreien der Kraniche
ihr Blick verstummt
Frank Sauer

ratatouille
freiluftkinokürzung
das kind kocht
Annika Carmen Schmidt

im feuchten Schneematsch
quatschen sie fröhlich mit mir
meine Schuhe
Marie-Luise Schulze Frenking

herbstbuchenwald –
da ist kein weg
aus ihrer freude
Helga Stania

Munteres Zwitschern
Der leis plätschernde Bergquell
bekommt Gesellschaft
Jennifer H. Weber

Dorfbrunnen
der speiende Hahn
ohne Wasser
Elisabeth Weber-Strobel

Abendlichter
die Pfützen der Stadt prahlen
mit Farben
Stefanie Wichert

in meiner Jugend
der Duft der Schwertlilie
in meinem Alter
    Klaus-Dieter Wirth

Pater Noster
Stets aufwärts
Oh Mensch ist wieder auf der Erde
    Hidetaka Yamasaki

weiß bedeckt der Waldboden
schwarz die kahlen Stämme – wann endet Krieg
    Angela Schmitt

Am Ufer sitzen zwei Schwäne beobachten die Meisen im Baum
    Monika Seidel

Haiga: Claudia Brefeld

60

Die Auswahl der folgenden Texte ebenso wie alle in dieser Ausgabe abgedruckten Haiga erfolgte durch Horst-Oliver Buchholz, Eleonore Nickolay, Claudia Brefeld und Sylvia Hartmann.
Bei eigenen Einreichungen enthalten sich die Redaktionsmitglieder ihrer Stimme, Meinung und Wertung.
Gerne verstärken wir unsere Jury in jeder Ausgabe um eine wechselnde Gaststimme. Wir laden alle DHG-Mitglieder ein, sich hierzu bei der Redaktion unter redaktion@sommergras.de zu melden!

Bei allen Beiträgen (inklusive Haiga) bitte keine Simultaneinsendungen. Bitte senden Sie je Gattung (Haiga, Haibun, Tan-Renga, etc.) **maximal drei** Beiträge an redaktion@sommergras.de!

Haibun

Christa Beau

Schokoladensplitter

In der Ferne erklingen Glocken. Für mich. Heute ganz allein für mich.
Ich freue mich sehr über meinen Besuch. Mein Sohn und seine Partnerin sind von weither gekommen. Das Geschenk muss nicht ausgepackt, keine Schleife geöffnet, kein glitzerndes Papier entfernt werden.
Die Umarmungen sind herzlich und machen die Weihnachtszeit zum Höhepunkt des Jahres. Dass ich sie in der Psychiatrie verbringen muss, vergesse ich.

Wärme
sein Hemd im vertrauten
Geruch

Christa Beau

Heiliger Abend

Fern von meinen Lieben muss ich sein. Doch ich denke an sie – die Tochter, den Sohn, die Schwestern und Brüder, den Freund.
Auf dem Tisch brennen Lichter. Natürlich LED, denn in der Psychiatrie darf kein offenes Licht flackern.
Weihnachtsmusik erklingt aus dem CD-Player. Ein tunesischer Pfleger zeigt uns ein Video auf dem Handy. Weihnachten in seinem Land für Urlaubsgäste. Für ihn ist heute kein besonderer Tag. Geschenke gibt es nicht, verrät er uns. Aber der Jahreswechsel ist für ihn wichtig.
Mein Taschentuch fängt Tränen auf. Ein Patient, zu siebent sitzen wir im Stuhlkreis, streichelt mich. Es wird wieder, höre ich ihn sagen.
Frieden und Liebe wünsche ich allen guten Menschen beim Klang der Musik.

Weihnachten
am Tannenbaum leuchtet
die Hoffnung

Kristoffer Schneider

Atem

Heute nur zu dritt im Zendō. Eben habe ich die Glocke zur zweiten Zazen-Runde geschlagen. Noch immer sind Böller zu hören. Die Unruhe der Stadt spiegelt sich im Geist wider – oder ist es umgekehrt?

Am Ende
des Atems
offene Weite

Birgit Heid

Aussicht

Ankunft im neuen Appartement. Ich trage die letzten Kartons. Der Hall im Treppenhaus ist gelbgrün. Die Wände sind rau, die Flurleuchten dämmrig. Beim Tritt auf die erste Stufe erscheint die Stiege meines früheren Elternhauses vor meinem inneren Auge. Als ob mir das Geräusch Hinweise geben könnte, wie ich hier die Möbel stellen sollte.

> Planspiel
> ich vergewissere mich
> meines Reisegepäcks

Das Bett an die Längsseite zwischen Schrank und Fenster. Anstelle meines früheren Dachfensters bestelle ich mir ein Moskitonetz. Der Teddybär meines Ex wird mein vorläufiger Begleiter.

> Hundgebell
> ich lerne die Sprache
> der anderen

Annäherungen an die Klänge rings herum. Hier eine Familie mit Kleinkindern, dort eine alte Frau mit Hörschwäche, über mir ein Handwerker und ums Eck ein Vollzeit-Gamer. Die ganze Lebensbreite scheint sich mir zu nähern, klopft an, will eindringen.

> die Liste meiner Lover
> ich gehe
> leer aus

Wo ist mein Platz zwischen neuer Arbeit und dem Bedürfnis nach Ruhe? Wie groß wird dieser Raum sein? Wie eine Hängematte oder eher wie ein

Badesee? Wen werde ich in diesem Ensemble aus Stein in meinen imagi-
nären Ort einladen und näher kennenlernen?

Grashalm
ich suche Halt
in einer Fuge

Näher als die Gerüche, die durch den Fluchtkorridor wabern? Morgens
ein flüchtiges Parfüm und abends die frittierten Bouletten. Tiefer als die
Klänge von Schimpftiraden, Fernsehsprechern und die archaischen Laute
einer ungewissen Liebe?

Rote Schleife
ich drücke deinen
weichen Pelz

Ingrid Meinerts

Unter der Brücke

Hier hat er sich sein Zuhause eingerichtet. Eine Matratze, eine Decke mit
buntem Bezug, ein kleiner Tisch. Manchmal ein Wasserglas mit Blumen
darauf.
Jetzt stehen dort ein Polizeiauto und ein Pick-up. Männer vom Ordnungs-
amt sind dabei, seine Habseligkeiten auf die Ladefläche zu befördern. Er
sitzt etwas abseits und schaut ihnen ruhig zu.

vogelfrei
weiterziehen
mit leichtem Gepäck

Evelin Schmidt

Schattenpflanzen

Bei meinen Besuchen in der großen Stadt gehe ich gern in einen botanischen Garten und danach in die angeschlossene Gartenakademie. Man kann Pflanzen und besondere Blumenzwiebeln kaufen, auch Inspirationen für den eigenen Garten sammeln. Unter alten Bäumen gibt es sogar die Gelegenheit für einen Kaffee.
Immer wieder zog es mich dort zum Verweilen in einen kleinen ZEN-Garten hinter einer Hecke, abgeschirmt vom sonstigen Trubel. Eine Wasserrinne, die sorgsam geharkten Kieselsteine, die typischen Pflanzen – einfach ein Ort zum Innehalten und Beobachten. Ein Auszubildender hatte die Aufgabe, die fallenden Blätter aus dem Kies zu sammeln. Es erinnerte an Sisyphos und war doch irgendwie auch Teil der meditativen Idee, was er sicher anders sah. Das ist meine letzte Erinnerung an diesen Ort.

In diesem Jahr habe ich den ZEN-Garten gesucht, bin durch die Reihen der Pflanzen geirrt und konnte meinem sonst guten Orientierungssinn irgendwie nicht trauen. Die Frage an einen Angestellten nach diesem ZEN-Garten brachte eine ernüchternde Antwort. Den kleinen ZEN-Garten gibt es nicht mehr, da man Platz für die Verkaufsfläche von Schattenpflanzen brauchte.

Aha, die Schattenpflanzen also. Der Sinnhaftigkeit eines ZEN-Gartens weit überlegen? Ein ZEN-Garten nur als Abbild der Natur? Echte Natur versus Meditation und Stille? Ich muss nachdenken, es sind zu viele Fragen.

Blattfall
ihre Schuldigkeit
ist getan

Angelika Holweger

Seltener Besuch

Die letzten Winteräpfel liegen angefault im Raureif. Für die Amseln will-
kommene Leckerbissen. Zu den emsig Beschäftigten gesellt sich ein wei-
terer Gast. Er ist viel größer und hackt unermüdlich in gefrorene Apfel-
reste. Ein friedliches Miteinander und alle werden satt. Schnell hole ich
meine Kamera und zoome den Vogel her. Es ist ein Grünspecht, wunder-
schön, ihn so nah zu sehen. Und er lässt sich Zeit, sodass ich ihn mehrfach
fotografieren kann.

    im Briefkasten
    eine Spendentüte
    „Brot für die Welt"

Angelika Holweger

Wünschebaum

Auf Kunststoffscheiben, die wohl Kugeln symbolisieren, sind vielfältige
Wünsche notiert. In holpriger Kinderschrift lese ich: Frieden für die Welt,
viel Schokolade, ein neues Smartphone und vieles mehr.
Ein Herzenswunsch einiger Mädchen ist eine Meerjungfrauflosse. Ich
habe lange darüber nachgedacht, welche Sehnsucht wohl dahintersteht. Si-
cherlich eine geheimnisvolle Schönheit, lange blonde Haare, die Freiheit
im Wasser. Nicht zu vergessen die suggestive Kraft der vielfältigen
Medien.

    Engel Gabriel
    fürs Grippenspiel damals
    meine Zöpfe gelöst

Frank Sauer

Im Zwischenraum

Ein weißes Dorf mit kleinen bunten Läden, Blumentöpfen an Hauseingängen, dunklen Bars und einem Marktplatz mit alten Männern im Schatten der Kirche. Unter einer heißen Sonne, an den Befestigungsmauern entlang, steige ich die Stufen zum Schloss hinauf.

Der weitschweifende Blick über das fruchtbare Land, den schimmernden Flusslauf, die Kornfelder, Viehweiden und Obstwiesen führt mich über meine Grenzen, die verschwimmen und fragwürdig werden. Grandiose Farbabstufungen zwischen hell und hauchdünn, dann satt und kräftig. Ein warmer Wind streicht in gleichmäßigem Rhythmus über das Gräsermeer. Ich denke daran, wie wir vor vielen Jahren schon einmal hier standen. Doch mir fehlen Teile der Erinnerung, Gedankensplitter lösen sich auf, Unwahrheiten schleichen sich ein und es will sich kein klares Bild ergeben.

Ich betrete die Schlossräume, gehe durch kalte, kahle Gänge, begleitet nur vom Klang meiner Schritte. Im Schlafraum, neben dem Bett und einer schweren Eichentruhe, steht die Dame des Hauses. Sie schaut hinaus auf die Hochebene, ein Glas Sherry in der Hand, und wartet, bis der Abend kommt

    ihr Stuhl am Fenster
    ein anderer Mann
    betritt den Raum

Gabriele Hartmann

rechts

Manchmal gehe ich im Dorf spazieren. Lieber als im Wald. Der Wolf ist
nämlich zurück. Und in unser Dorf wird er ja wohl nicht kommen.
Sind da nicht Geräusche? Wende den Kopf.
Schatten, die um Ecken schleichen? Beschleunige meinen Schritt.
Was hängen denn da für seltsame Fahnen? Renne fast.
Ist das nicht – der Klang schwerer Stiefel?
Verlasse das Dorf, wende mich nach links, dem Wald zu. Sicher ist sicher.

Propaganda
gestern war doch noch alles
wie immer

Haiga: Angelika Hohlweger

Tan-Renga

Michaela Kiock und Gabriele Hartmann

> Osterfeuer
> das Funkeln
> in ihren Augen
>
> Hand in Hand
> ein weiter Sprung
>
> MK / GH

Michaela Kiock und Gabriele Hartmann

> Mitternachtsregen
> wenn jener Jet nun Bomben
> trüge
>
> vom Ende der Straße
> ein leises Miauen
>
> GH / MK

Kettengedichte

Es können auch längere und lange Kettendichtungen eingereicht werden, diese werden dann aber nicht mehr im SOMMERGRAS, sondern auf der DHG-Website parallel zur jeweiligen SOMMERGRAS-Ausgabe veröffentlicht. Auf diese Weise wird die gemeinschaftliche Kettendichtung besser gefördert, da es so keine Platzeinschränkungen mehr gibt, die beim SOMMERGRAS ja immer eine Rolle spielen.
Die Kettendichtungen (*renku*) bitte immer mit dem zugrunde liegenden Schema und Anmerkungen einreichen, da es so für die Leser besser nachvollziehbar ist. Wir freuen uns auf Ihre Zusendungen!

Christof Blumentrath und Brigitte ten Brink

CAVEMAN
Haiku-Sequenz

Schatzsuche
wir achten auf jedes
Zeichen

der Krise
erster Akt – die Sprache
verteilt die Rollen

Raben mahnen zur
Vorsicht im unbekannten
Terrain

hinter Mauern
die Stille tarnt sich
mit Alltagsgeräuschen

mit gespitzten
Ohren Täuschungsmanöver
durchschauen

Nachtwache
sie betreten
fremdes Land

im Funkloch
den Gefährten
verloren

verhangener Mond
ich küsse die Dunkelheit
eines Gesichts

ein neuer Morgen —
im Föhn die fernen Berge
zum Greifen nah

frostblauer Himmel
nur das Flüstern der Kohle
auf Skizzenpapier

schwarz auf weiß
dem vorgezeichneten
Weg vertrauen

nie haben sie
etwas anderes getan
kreisende Kois

vor der Hütte
ein alter Mann in Andacht
versunken

letzte Glut
wir reden
über Caveman

Normalschrift Christof Blumentrath, *Kursivschrift Brigitte ten Brink*

Claudia Brefeld

Ganz normale Männer*
Haiku-Sequenz

unvorbereitet
die Einsatztruppe
nur eine Nachricht

für das
was sie erwartet
keine Zeit

dann der Befehl
wer nicht will, muss nicht
lässt erstarren

quälende Momente
nur wenige
treten aus den Reihen

Einsatzgruppe D
Todeslisten als
Nachweis-Leistungen

nicht genug Erde
sie alle
zu bedecken

Bilder werden
verdrängt – der innere Abgrund
bleibt

Jahre später
die Aussage
nicht schuldig

* in Anlehnung an den Film: Ganz normale Männer – der vergessene Holocaust
(2021)

Angelika Holweger

keine Zeit …
Solo-Renhai

die Wunderblüte
auf dürrem Stängel
gezoomt (nur) ein Spinnennetz

den Kalender fest im Blick
jeder Tautropfen heute eine Sonne

alles im Fluss
doch die Physiker sagen
es gäbe keine Zeit

Bücher

Sie haben auch eine Neu-Veröffentlichung, die wir hier besprechen könnten? Dann schreiben Sie bitte eine E-Mail an die Redaktion: redaktion@sommergras.de. Dort erhalten Sie die Postadresse, an die Sie ein Rezensionsexemplar schicken können.
Ein Anspruch auf eine Buch-Besprechung besteht nicht.

Hinweis zum Verfassen von Rezensionen/Buchvorstellungen:
Bitte beachten Sie, dass die Angaben zum Buch vollständig gemacht werden. Dazu gehören: Name. Titel. Untertitel (soweit vorhanden). Weitere Details/Besonderheiten zum Buch. Verlag, Ort. Jahreszahl. Seitenzahl. ISBN.
Bitte zitieren Sie **maximal** zehn Prozent der im besprochenen Buch enthaltenen Haiku und achten Sie darauf, ob Autor/Autorin/Verlag das Zitieren genehmigt.

Brigitte ten Brink

Ein letzter Cárdás

Rita Rosen: Ein letzter Csárdás. Haiku-Heft 12. Paperback. Rotkiefer Verlag, Berlin 2024. ISBN 978-3-949029-37-0

Auf dem in Lila und Weiß gehaltenen Einband dieses Haiku-Büchleins von Rita Rosen tanzen japanische Sonnenschirme und Blüten. Sie wirbeln durcheinander, dass es eine Lust ist, dieses Bild anzuschauen. Und, um ehrlich zu sein, war ich schon in dieses Büchlein verliebt, bevor ich auch nur eines der Haiku gelesen hatte, und ich wurde nicht enttäuscht. Leicht und beschwingt auch das Layout im Innern. Die Haiku in einer zarten Schrift, jeweils auf der rechten Seite mittig gesetzt, die linke Seite bleibt leer oder es ziert sie eine kleine aber feine abstrakte Grafik.

Die Haiku, 20 an der Zahl, sind Augenblicke des (Er)Lebens, in Worte gefasste Momente einer individuellen Wahrnehmung, die sich als Bild, als visuelle Vorstellung der beschriebenen Begebenheiten im Kopf des Lesers manifestieren. Mal sind sie nachdenklich, wie das titelgebende vorletzte Haiku

Lindenblüten
wirbelt der Wind um den Stamm
ein letzter Csárdás

mal zeigen sie einen tiefgründigen Humor

wie gemalt der Mond
zwischen dunklen Tannen
zwinkernd schleicht er fort

oder sie erzählen auch von schwierigen Stunden

unruhige Nacht
ich zähle die Sterne
und die Lichter zum Hof

Rita Rosen schreibt in ihren Haiku über sinnliche Erfahrungen, die im Grunde nicht außergewöhnlich sind, die jedoch durch die feinfühlige Wahrnehmung und der für sie gefundenen Worte eine Wertschätzung erfahren, die sie außergewöhnlich machen. Immer wieder gelingt es ihr, mit wenigen Worten ein Bild zu erzeugen und eine Stimmung zu schaffen, die beim Lesen berührt und ein tiefes erweitertes Verständnis für die beschriebene Situation erzeugt.

Mit „Ein letzter Csárdás" halte ich ein bezauberndes Büchlein in Händen, einen kleinen Auszug ihres umfangreichen Schaffens, ihres Werkes, welches in vielen Jahren des Schreibens entstanden ist und ein weiteres Kleinod in der Reihe der Haiku-Hefte des Rotkiefer Verlages.

Brigitte ten Brink

am seidenen Faden

Gabriele Hartmann: am seidenen Faden. Haiku 2024. Paperback. Ringbindung. 172 Seiten. Erschienen im bon-say-verlag 2025. ISBN 978-3-945890-57-8.
Zu beziehen unter info@bon-say.de.

Gabriele Hartmann hat ihrem Haiku-Jahrbuch 2024, welches 166 veröffentlichte Haiku dieses Jahres enthält, den Titel „am seidenen Faden" gegeben. Am seidenen Faden hängt etwas nicht sicher. Schlimmer noch, das, was am seidenen Faden hängt, ist in höchstem Grade gefährdet, denn der Faden könnte jederzeit reißen! Was bewog die Autorin, diese Redewendung für ihr Haiku-Jahrbuch 2024 als Überschrift zu wählen? Es gibt viele Gründe, die sich ein Leser denken kann, wenn er das Weltgeschehen und seine eigene Umgebung aufmerksam betrachtet. Die gesellschaftlichen, wirtschaftlichen und politischen Verwerfungen sowie der Klimawandel, der sich in immer bedrohlicher werdenden Naturkatastrophen manifestiert, fallen sofort ein. Aber auch im zwischenmenschlichen Bereich hängt eine Beziehung oftmals am seidenen Faden. Und nicht immer ist dies offensichtlich:

für immer
hinterm Rücken verborgen
gekreuzte Finger S. 17

Die Protagonisten des titelgebenden Haiku wissen jedoch um diese Gefahr.

am seidenen Faden
Luftschlösser – wir passen
auf S. 60

In ihren Haiku und Senryu zeigt Gabriele Hartmann sich als scharfe und

emphatische Beobachterin ihres Umfeldes. Ihren Wahrnehmungen und
ihren Gedanken zu diesen Wahrnehmungen verleiht sie dann in einem
Haiku Ausdruck. Dabei ist sie eine Meisterin der Reduzierung.

letzte Nacht
in ihren Wimpern
glitzern Tropfen   S. 23

Wenige Worte schildern ausdrucksstark eine Begebenheit, die offen bleibt
in ihrer Bedeutung und so viel Platz für die Deutung des Lesers lässt.

Die Bandbreite der Haiku und Senryu schließt auch das Gendai-Haiku mit
ein. Neben den klassischen Dreizeilern schreibt Gabriele Hartmann auch
immer wieder tiefgründige Zwei- und Einzeiler, die an Wortspiele er-
innern.

Atom Atem Atom   S. 69

das Ende der Welt   wir buchen   Last Minute –
einfache Fahrt   S. 91

Neben den melancholischen gibt es auch hoffnungsvolle und zuversicht-
lich gestimmte Töne in dieser Sammlung, wie in dem Kapitel, welches
Frühlings-Haiku beinhaltet.

Eisschmelze
aus dem Klirren erhebt sich
ein Lachen   S. 107

An dieser Stelle seien noch ein paar Worte zur Gestaltung dieses Buches
gesagt. Es handelt sich um eine Ringbindung mit einer Breite von 14 cm
und einer Höhe von 10,5 cm. Jedes Haiku steht allein für sich auf einer
Seite, was es einzigartig und eindrucksvoll macht. Es ist in sechs Bereiche,
um nicht zu sagen Kapitel, eingeteilt. Den Anfang machen zwei Haiku, die

in japanischer Jahreszeitentradition dem Neujahr gewidmet sind. Diesen beiden Haiku folgt ein großer Block unter der Überschrift Haiku & Senryu. Im weiteren Verlauf sind die Haiku den vier Jahreszeiten mit den entsprechenden Überschriften Frühling, Sommer, Herbst und Winter zugeordnet, von denen die allermeisten, ganz klassisch, auch ein Jahreszeitenwort enthalten, welches schon mal augenzwinkernd leicht verfremdet wird:

Reviergesang
das Röhren
seiner Harley   (Frühling, S. 122)

Augustäpfel
wir falten die Hände
zur Räuberleiter   (Sommer, S. 136)

herbstlicher Wind
die Kronen der Bäume
füllen sich mit Himmel   (Herbst, S. 143)

fallender Schnee
im Luftschutzkeller packt einer
Geschenke aus   (Winter, S. 163)

Jahreswechsel
wir entsagen
der Stille   S. 170

Mit diesen beiden Haiku schließt sich der Kreis um den seidenen Faden des Jahres 2024 und zeigt, wie fragil der Frieden ist. Die Frage, wie geht es weiter, was bringt das kommende Jahr, steht unausgesprochen im Raum. Das vergangene hing schon am seidenen Faden. Wird dieser Faden weiterhin halten?

Haiga: Gabriele Hartmann

Horst-Oliver Buchholz

Es gibt so vieles, was man in siebzehn Silben alles sagen kann

Friedrich Lederer: Es gibt so vieles, was man in siebzehn Silben alles sagen kann. Ein heiterer Brückenschlag zwischen Japan und Deutschland. Paperback. Verlag Haag + Herchen, Hanau 2024, 116 Seiten, ISBN 978-3-89846-915-9

Im Titel, „siebzehn Silben", wird es bereits deutlich: Hier kommt ein Autor aus der Tiefe der Tradition (der Buchtitel selbst umfasst ebenfalls exakt siebzehn Silben). Und tatsächlich ist der Verfasser, Friedrich Lederer, Jahrgang 1936, tief eingedrungen in Traditionen und geht deren Spuren nach: zurück in die Vergangenheit und denen, die ins Gegenwärtige führen. Und so kommt er dann zustande, der Brückenschlag, den der Untertitel verspricht. Friedrich Lederer hat viel zu sagen, und was er zu sagen hat, kommt aus berufenem Munde. Seit sechs Jahrzehnten beschäftigt er sich mit dem Land der aufgehenden Sonne, fünf Jahre hat er in Japan gelebt.

In zehn Kapiteln schlägt Lederer, Doktor der Japanologie, nicht nur eine Brücke von Japan nach Deutschland, er zeigt auch Wege auf für einen neuen Blick auf Altbewährtes, auf Kostbares: Haiku-Dichtung in schöner überlieferter Form und Tradition, eine Haiku-Dichtung, deren Stimme im Wettbewerb um moderne Erneuerung oft verstummen muss. Hier meldet sie sich kraftvoll zu Wort. Dies geschieht fundiert und oft originell, der Bogen der Betrachtungen spannt sich von Historischem über akribische Sprachanalysen bis hin zu sehr persönlichen, durchaus reichen Gedanken. Dabei belässt es Lederer nicht allein bei der Haiku-Dichtung, sondern schlägt immer wieder Breschen zu verwandten Formen, wie etwa dem Tanka, zur Bildenden Kunst oder – besonders interessant – zu philosophisch-ästhetische Sphären.

Konkreter erfahren wir dann einiges über Japan selbst, das Land der 4.000 Inseln – und wie es in Dichtung und Literatur besungen wird. Neben vielen anderen Dichtern begegnet uns hier der Bashō-Schüler Naitō Jōsō, der den schneereichen Winter im Norden der japanischen Hauptinsel

80

Honshū in einem Haiku poetischen Ausdruck gibt:

Kein Feld, kein Berg mehr
Schnee hat alles verschlugen
nichts ist geblieben

Ein typisches Jahreszeiten-Haiku, hier leicht philosophisch konnotiert. Dabei schlägt Friedrich Lederer einen Dreiklang an, denn er hat dem Haiku ein Gemälde japanischer Tradition sowie eine kalligrafische Schreibung des Haiku – letzteres aus eigener Feder – an die Seite gestellt und so unterschiedliche Perspektiven auf einen einzigen dichterischen Gegenstand eröffnet – trefflich gemacht.

Der inhaltliche wie auch gedankliche Reichtum ist es auch, der dieses Buch in besonderer Weise auszeichnet. Dass der Autor dabei schnell mal und akribisch kleineren Details am Wegesrand nachgeht, erschwert die Lektüre etwas – die gleichwohl empfohlen wird. Denn das Buch ist eine schillernde (Wieder-)begegnung mit der japanischen Kultur, tiefgründig oft, wie diese Kultur selbst.

Ein Tag des Herbstes.
Die Reise meines Herzens
Ging nun zu Ende.

… schreibt Lederer zum Ende seines Buches. Ein Haiku aus eigener Feder, mit dem er sich einst aus Japan verabschiedete. Fein gesponnene Zeilen sind es, aus tiefer Empfindung und tiefem Verständnis japanischer Tradition entstanden, einfach und meisterhaft zugleich. Hier spiegelt sich abschließend noch einmal wider, was im Buchtitel seinen Anfang nahm, nämlich: „… was man in siebzehn Silben alles sagen kann". Viel ist es, sehr viel.

Berichte

Volker Friebel

Preis der Netzpräsenz Haiku heute

2024 schrieb „Haiku heute "zum sechsten Mal einen Haiku-Preis aus. Jeder Autor konnte zwei Kurzgedichte einreichen. Materielles war nicht zu gewinnen, doch gab es für die ersten drei Plätze ein Zertifikat sowie für alle Ausgewählten Ruhm und Ehre. Angelica Seithe traf die Auswahl und schrieb zu jedem ausgewählten Kurzgedicht einige Sätze.

1

Vogelstimmen
Aus den Abendwolken
erhebt sich der Mond
 Michael Rasmus Schernikau

Eine Abendstimmung, wunderbar eingefangen durch akustische und visuelle Sinneswahrnehmungen und sprachlich untermalt von Vokal-Anklängen (Wolken/Mond, aus/Abend). Das tragende Wort ist ‚erhebt': Aus etwas Leichtem, aus den Wolken, „erhebt sich der Mond". Das gibt der Abendstimmung ihren erhabenen Akzent, hebt sie hinaus übers Alltägliche.

Dabei wirkt der Text schlicht. Doch es ist, scheint mir, als wenn etwas Leichtes, Aufwärtsstrebendes sich auch im Leser vollzieht.

2

Dauerregen
das Klatschen der Skatkarten
immer lauter
 Elisabeth Weber-Strobel

Ich bin keine Skatspielerin, aber das Klatschen der Skatkarten konnte ich hören. Geschickt, wie hier das Geräusch der Spielkarten das klatschende Geräusch des Regens ersetzt und zu übertönen sucht. Geschickt auch, wie die leicht aggressive Fruststimmung bei Dauerregen indirekt, ohne überhaupt erwähnt zu werden, ihren Ausdruck findet. Nicht nur durch das immer lauter werdende Klatschen der Karten, sondern auch sprachlich durch die Konsonanten-Anklänge auf k (Klatschen/Karten).

3 (geteilt)

möwennachwuchs
mein fischbrötchen
lernt fliegen

    Tobias Tiefensee

Das lustige Haiku lebt vom Humor.

Effektiv und sprachlich kunstvoll wird in gekonnter Verknappung auf einen Vorgang hingewiesen, dessen eigentliche Schilderung ausbleibt. Der Leser erfährt nur das Resultat, weiß aber sofort, was passiert ist. Der vorher lakonisch erwähnte „Möwennachwuchs" gibt Aufschluss.

Das Haiku kommt gewitzt daher. Anstatt über sein Missgeschick zu schimpfen, biegt der menschliche Pechvogel es in eine Pointe um: Das „fischbrötchen lernt fliegen". Der Leser amüsiert es, den Haiku-Dichter sicher auch.

3 (geteilt)

einsamer Hafen …
nur die lachenden Möwen
im Winterwind

    Benjamin Bläsi

Das Haiku vermittelt auf eindrückliche Weise eine von Kälte und Einsamkeit geprägte Stimmung. Dieser Eindruck verstärkt sich dadurch, dass er sich auf einen Hafen bezieht, in dem normalerweise große Betriebsamkeit herrscht (abfahrende und ankommende Schiffe). Das „Lachen" der Möwen setzt der Einsamkeit einen bitteren, fast höhnischen Akzent entgegen. Eine in hohem Maße unwirtliche Winterstimmung, nachvollziehbar und ausdrucksstark.

Plätze 4 bis 10 (der zehnte Platz ist doppelt besetzt)

> winterroter Ahorn –
> tiefer und tiefer die Stille
>> Angela Schmitt

Ein Haiku, das ganz Atmosphäre ist, eindrucksvolle Naturstimmung, die sofort anspricht. Eigentlich ist es ein Herbstbild, denn selbst der japanische tiefrote Ahorn wirft spätestens im Winter sein Laub ab. Aber der knappe Text lebt nicht nur vom roten Farbeindruck, der mit der immer tiefer werdenden Stille kontrastiert, sondern auch vom Wort „winter", das der Farbe Rot beigefügt ist. Mit „herbstrotem" Ahorn würde das Haiku nicht funktionieren, jedenfalls nicht annähernd so eindrucksvoll wie mit „winterrot". Denn die Stille, die tiefe Stille, ist die des Winters.

> Wie weit ich auch lauf',
> keine meiner Spuren bleibt –
> leise fällt der Schnee.
>> Sabine Sommerkamp

Hier geht ein existenzielles Thema, nämlich die Frage, was wird von mir bleiben, stimmig in einem Naturbild bzw. einem vom Menschen erlebten Naturvorgang auf. Das Bild benötigt keinen sprachlichen Vergleich, keinen vermittelnden Hinweis auf eine dahinter liegende Bedeutung. Es leuchtet ein, vielleicht weil das Wort „Spuren" die doppelte Ebene bereits in sich trägt.

Ein formal von der Silbenzahl klassisch gehaltenes Haiku; deshalb die verkürzte Form lauf' statt laufe. Aber man hört den Schnee leise fallen.

Wohnzimmerstille
Großmutters Blick
aus der Glasvitrine

   Jutta Petzold

Ein originelles und eindrucksvolles Haiku.

In der Stille eines altmodischen Wohnzimmers blickt uns aus der Vitrine die Großmutter an. Was ihr Blick sagt, bleibt offen und für den Leser ausdeutbar. Die vielen hellen Vokalanklänge auf i (Zimmer/-Stille/Blick/Vitrine) legen aber einen eher freundlichen, nicht etwa düsteren Ausdruck im Gesicht der alten Frau nahe.

Präludium –
das Morgenlicht
hinter dem Maisfeld

   Lisa F. Oesterheld

Die Morgenstimmung bringt zwei Erlebnisbereiche zusammen: den der Musik und den des Lichts, einen akustischen und einen visuellen Sinneseindruck. Das Ganze hinter der banalen Alltagskulisse eines Maisfeldes. Die Alliteration auf m (Morgen/Mais) unterstreicht den musikalischen Eindruck dieses Vorspiels aufsteigenden Lichts.

Auf dem Land –
die erhabene Ruhe
alter Eichen

    Lisa F. Oesterheld

Das Haiku vermittelt eine Stimmung großer Ruhe und Schönheit. Das gelingt überzeugend durch eine einfache Sprache, die fast unbemerkt auf Assonanzen setzt (Vokal-Anklänge auf a).

Feierabend.
Das Dämmerlicht löscht
die Zeit auf der Turmuhr.

    Reinhard Dellbrügge

Das Haiku malt in schönem Rhythmus eine Feierabendstimmung. Das Dämmerlicht löscht nicht das Zifferblatt der Turmuhr, sondern die Zeit. Es bleibt offen, ob dies für den, der es erlebt, Gutes oder Schlechtes zu bedeuten hat. Diese Offenheit und die Konsonanten-Anklänge (Licht/-löscht) machen den Vorgang besonders eindrücklich.

Mondfinsternis
das rote Kleid
das du trugst

    Frank Dietrich

Das Rot des Kleides, ein eindrücklicher Farbakzent, möglicherweise erotisch konnotiert, steht neben der „Mondfinsternis" (Juxtaposition). Hierbei dürfte an den Blutmond zu denken sein, wie er bei der überschatteten Mondscheibe entsteht. Der Leser fragt sich, ob die Verschattung des Mondes auf den Verlust eines geliebten Menschen hindeutet („trugst"), oder ob die durch den Blutmond hervorgerufene Erinnerung an das rote Kleid eine durchaus erfreuliche ist. Das Haiku lässt es offen.

Winterwald
ich folge dem Klang
der Stille

    Eleonore Nickolay

Gang durch den Winterwald, kein Vogel, kein Laut, Stille. Aber die Stille, die Abwesenheit aller Geräusche ist so intensiv, dass sie selbst zum Klang wird, zum Klang des Winterwalds, dem das lyrische Ich folgt.

Durch wenige Worte entsteht im Text eine intensive Stimmung, vermittelt auch durch akustische Sinneseindrücke und anklingende Vokale: a und i (Wald/Klang, Winter/Stille).

Die Auswahl gründet sich auf 173 von 93 Autoren eingesandten Haiku. Angelica Seithe traf sie ohne Kenntnis der Autorennamen in der oben gesetzten Reihenfolge.

Der Haiku-Preis ist dieses Jahr der Frankfurter Haiku-Dichterin und Ikebana-Meisterin Erika Schwalm (1941–2005) gewidmet.

Weitere Infos zur Auswahl finden sich auf: https://www.haiku-heute.de/haiku-preis/haiku-preis-2024/

Beate Wirth-Ortmann

12. Haiku-Workshop in Wiesbaden-Bierstadt, 10. November 2024

Der Monat November zeigte am 10. seine ganze trübe, graue Pracht. Der Bodennebel ließ schon die Anreise zum Abenteuer werden, die Straßenführung war nur zu erahnen. Trotzdem sind die Teilnehmer unerschrocken Ruth Karoline Miegers Ruf gefolgt und haben sich wie üblich gemütlich in der alten Dorfschule zum Haiku-Workshop eingerichtet. So war es

fast nur folgerichtig, dass Klaus-Dieter Wirth zum Auftakt Matsuo Bashōs
„SOMMERGRAS-Haiku" als Akzent setzte, als ob er mit dem Titel eine
sommerliche Atmosphäre in den Raum zaubern wollte.

natsu / kusa / ya   tsuwamono / domo / ga   yume / no / ato

natsu = Sommer, *kusa* = Gras, *ya* = (Schneidewort/kireji)
tsuwamono = Soldat, Krieger, *domo* = (Pluralsuffix), *do* = (Subjektpartikel)
yume = Traum, *no.*= (Genitivpartikel), *ato* = Spur, Rest

Die Basiswörter dieses Haiku lauten übersetzt daher:
Sommergras – / Krieger / Traumspuren

Die Teilnehmer bildeten mit diesen Wörtern verschiedene Versionen und
interpretierten elf bekannte Übersetzungsbeispiele der Autoren Ulen-
brook, Coudenhofe, Wuthenow, Hammitsch, Hausmann, Ono-Feller,
Tieck, Hashi, Dombrady, Helwig und Wirth. Es wurde festgestellt, dass
dabei nicht nur sprachliche, wahrscheinlich der Zeit geschuldete Verren-
kungen auftraten, sondern auch Ergänzungen, die die japanischen Ur-
sprungswörter kaum hergeben. Somit sind diese Haiku mehr als Nachdich-
tung denn als Übersetzung zu bewerten und zeigen zugleich die Schwie-
rigkeiten von Übersetzungen auf.

Der Nachmittag war dann wieder der Lesung der eigenen Haiku gewid-
met und von den Teilnehmern mit entsprechenden Korrekturvorschlägen
begleitet.

frühes Laternenlicht   Laternenlicht
Nacht fällt   sickert
durch kahle Zweige   durch kahle Zweige

glüh Glühwürmchen glüh
hoffentlich löscht dich nicht
das Sommerlicht

Kartons gestapelt
im Umzugswagen
im Staub ein Schnuller

das Licht des vollen Mondes
umhüllt sanft das Land
eines Jägers Schuss

Pizza to go
mitgenommen die Bude
vom Hochwasser

Blattgold
füllt tropfend den bunten See
raschelnde Wogen

erstes Glühwürmchen
Eröffnungsspiel der EM
Deutschland versus Schottland

spätherbst
das letzte blatt fällt
allein

fröstelnd
die Hängebirke – Wind fegt
durch ihr schütteres Haar

Rotkleetee (aufgießen)
einst naschten wir
den Nektar

Umzugswagen
voller Kartons / Kartons über
Kartons
im Staub ein Schnuller

Vollmondlicht
legt sich auf das Land
plötzlich ein Schuss

Pizza to go
mitgerissen die Bude / der Stand
vom Hochwasser

Blatt für Blatt
bedeckt den Boden
(ich) wate(n) durch Gold

Eröffnungsspiel
das erste Highlight
ein Glühwürmchen

spätherbst
des letzten blattes
einsamkeit

fröstelnd
Wind in den Weiden
ihr schütteres Haar

Sehnsucht nach Schemen
an die Scheiben des Nachtzugs
ein Kuss gehaucht

entlang der Wasserfälle
dieses Orgelwerk brausen
im Herbstlicht

deutsch – niederländisch
im Traum hüpfen die Wörter
über die Grenze

choral von Bach
im antlitz der alten
angekommen

Abschied am Bahnhof
der Hauch eines Kusses
fährt mit

Wasserfälle
dieses Orgelbrausen
im Herbstlicht

Wie immer verging der Tag viel zu schnell, und die Nebelschwaden stiegen dazu wieder beängstigend. Da die Teilnehmer eine Fortsetzung dieser Form des Workshops wünschten, wurde zu hoffentlich dann schon sommerlichen Temperaturen der nächste Termin auf **Sonntag, den 18. Mai 2025** zur gleichen Zeit am gleichen Ort festgelegt.

Jutta Weber-Bock

Haiku-Spaziergang durch den Exotischen Garten in Hohenheim am 27. Oktober 2024

Bei sonnigwarmem Herbstwetter trafen wir uns im Exotischen Garten vor dem Spielhaus an der alten Platane zum Haiku-Spaziergang. Jutta Weber-Bock und Wolfgang Haenle hatten für den Spaziergang Bäume und Sträucher mit sprechenden Namen oder besonderen Eigenschaften ausgesucht. Einige Stationen werden im Bericht aufgegriffen.

Wir haben an unserem Treffpunkt mit der „Liebesplatane" begonnen. Sie wurde 2003 zum Nationalerbe-Baum erkoren. Gepflanzt hat sie Herzog Carl Eugen von Württemberg 1779 als Geste der Zuneigung für seine Frau Franziska von Hohenheim. Heute zählt sie mit 245 Jahren zu den ältesten ihrer Art und bietet Vögeln und bedrohten Insekten einen wertvollen Lebensraum. Ihr Stamm misst fast acht Meter Umfang, bevor er sich teilt und als Doppelstamm über 30 Meter in die Höhe ragt: Das Symbol zweier Liebender, im Stamme vereint und doch im Geäst zwei eigenständige Persönlichkeiten geblieben – für uns ein erster Impuls zum Schreiben:

Die tote Freundin –
ins Holz der Platane eingebaut
ein Stück Atem.

   Volker Friebel

herbstbuntes blau
beim schlendern durch den park
ihr gepardenblick

   Johann Reichsthaler

Franziska von Hohenheim nahm besonderen Einfluss auf die Gestaltung des englischen Landschaftsgartens (genannt „Dörfle"). Die Idee: Auf den

nachgebildeten Trümmern des antiken Roms sollte „der Triumph tugend-
haften Landlebens über die Sittenverderbnis des untergegangenen Roms
in Szene gesetzt werden." An Festtagen verwandelte sich das „Dörfle" zur
Belustigung der Herrschaft in eine Dorfgemeinschaft, wobei das Landvolk
unter Mitwirkung des verkleideten Hofstaates Bauern, Hirten, Schulmeis-
ter oder Müller mimen musste. Nach dem Tod Herzog Karl Eugens im
Jahr 1793 wurde die Anlage der Öffentlichkeit zugänglich gemacht. Nur
das Spielhaus, das Wirtshaus zur Stadt Rom und die Trümmer der Drei
Säulen des Donnernden Jupiter blieben erhalten. Das Spielhaus beherbergt
heute das Museum zur Geschichte Hohenheims. Das „Dörfle" wandelte
sich in eine Baumschule, aus der sich ein parkähnliches Arboretum, der
Exotische Garten, entwickelte:

Hohenheimer Gärten
fremde Namen
malen Bilder in mir
    Marianne Kunz

goldenes Herbstlaub
vor Himmelsblau
der Maler lernt noch
    Jutta v. Ochsenstein

Besonders angetan hatte es uns ein Ginkgo. Im Chinesischen wird er auch
Großvater-Enkel-Baum genannt. Als poetische Einladung eine ganze
Reihe weiterer ins Deutsche übersetzte Namen: Elefantenohrbaum, En-
tenfußbaum, Mädchenhaarbaum, Fächerblattbaum, Chinesischer Tempel-
baum und Beseeltes Ei, Mandelfrucht, Weißnuss, Nuss-Aprikose.

Botanischer Park.
Sie drapiert das Kind ins Laub –
zum Fotoshooting.
    Helga Schulz Blank

Kinderlachen
im Laubhof der Buche
der Schritte neuer Klang
Marianne Kunz

Laub fällt
wie Licht – die Rufe
der Kinder.
Volker Friebel

parkspaziergang
der laubhaufen neben mir
fängt an zu kichern
Tobias Tiefensee

Lange haben wir auch am Papiermaulbeerbaum verweilt, der auch Japanischer Papierbaum genannt wird. Bereits im 1. Jahrhundert n. Chr. stellte man in China aus der Bastschicht einen Faserbrei her, der mit Kleister vermengt, getrocknet und geglättet Papier ergab. Hergestellt wurden Papiertaschentücher, Toilettenpapier, Papiergeld und Tapeten. Im Europa setzte sich Papier erst im 12. Jahrhundert durch.

Unser Weg führte weiter bis zum Pfaffenhütchen mit seinem leuchtend rosa bis roten Fruchtschmuck jetzt im Herbst. Die Frucht ähnelt einer scharlachroten Kardinalsmütze und ist giftig. Aus dem Holz wurden früher Spindeln hergestellt.

Nicht weit davon wächst eine Herbstblühende Zaubernuss, der magische Kräfte zugeschrieben werden. Die Zweige dienten früher als Wünschelruten. Ihre Blüten riechen streng, denn sie muss die letzten Fliegen und Bienen anlocken. Rinde und Blätter enthalten Gerbstoffe, die Entzündungen hemmen und Wundheilung fördern. Der Name Hamamelis ist vielleicht bekannt.

Auffällig ist der Stamm der Kaukasischen Flügelnuss. Kurz haben einige gestutzt und andere sind zurückgezuckt, als sie erfahren haben, dass aus den Blättern Juglon als Gift für die Fischjagd gewonnen wird. Juglon

wirkt auch im Boden um den Baum toxisch auf Pflanzen und Pilze. Trotz-
dem haben sich alle unter dem Baum zum Gruppenfoto versammelt.

Foto Wolfgang Haenle

Von links nach rechts: Helga Danzer, Jutta v. Ochsenstein, Jutta Weber-Bock. Helga
Schulz Blank, Tobias Tiefensee, Marianne Kunz, Volker Friebel, Claudia Gieseler-Christ,
Klaus Christ, Johann Reichsthaler, Wolfgang Haenle.

Nicht weit davon steht ein Perückenstrauch. Die Blütenstände entwickeln
lange abstehende Haare, weithin zu sehen und sehr inspirierend:

graue Puschel,
der Perückenstrauch im Herbst.
Soll ich sie färben?
    Helga Schulz Blank

perücke im baum
hält wind und regen stand
der friseur sitzt im ast
    Wolfgang Haenle

Von älterer Dame
gedankenvoll betrachtet
der Perückenstrauch.

Helga Danzer

Perückenstrauch
leuchtet filigrane Frisuren
ins zarte Licht

Claudia Gieseler-Christ

Wir laufen vorbei an einem Mammutblatt, das aus Brasilien kommt. Dort
wird es auch „Sonnenschirm der Armen" genannt.

Stolzes Mammutblatt –
unterm Sonnenschirm der Armen
eine Eidechse.

Helga Danzer

Mammutblatt
Armut wirft Schatten. Die Sonne
scheint immer noch

Claudia Gieseler-Christ

Beendet haben wir unseren Spaziergang am Wirtshaus zur Stadt Rom. Es
lehnte sich mit seiner Rückseite an drei hohe Bögen an, die wegen ihrer
entfernten Ähnlichkeit „die Bögen vom Goldenen Haus des Nero" hie-
ßen. Vom Haus, das neben einem ovalen Saal sowie einem roten und ei-
nem gelben Gemach auch eine Bauernstube enthielt, gelangte man auf die
Aussichtsplattform über den Bögen. Eduard Mörike bewohnte es um 1830
und vollendete hier den Roman „Maler Nolte", der Anklänge an das
„Dörfle" aufweist.

neben dem Herbstblatt
der Ansatz einer Knospe
das Blatt fällt

Jutta v. Ochsenstein

die letzte sonne
führt noch ihre blüten aus
der späte honig

    Wolfgang Haenle

Die drei Säulen des donnernden Jupiters wurden den Tempelruinen auf dem Forum Romanum in Rom im Maßstab 1:4 nachgebaut. Ursprünglich waren die drei Säulen mit korinthischen Kapitellen ausgestattet und trugen einen Architrav mit Triglyphenfries. Heute steht nur noch der Schaft der östlichen Säule. Die beiden anderen liegen als Trümmer am Boden. Ludwig Uhland soll durch diese Szene im Sommer 1814 zu seiner Ballade „Des Sängers Fluch" angeregt worden sein.

Unser Spaziergang klang in der Denkbar auf dem Campus der Universität Hohenheim aus. Jutta Weber-Bock hatte noch einige Informationen zu Pflanzenjägern und Pflanzenjägerinnen vorbereitet, die im Zeitalter der Entdeckungen Samen exotischer Pflanzen gesammelt und nach Europa gebracht haben. Genannt sei Engelbert Kaempfer, ein deutscher Arzt und Forschungsreisender. Ihm gelang es, in Japan zu botanisieren, eine große Pflanzensammlung anzulegen und nach Europa zu verschiffen. Er hat uns den Gingko gebracht und ihn als Erster beschrieben. Als Pflanzenjägerin hat die bekannte Maria Sibylla Merian gewirkt, aber schon lange vor ihr brachte Hatschepsut, die erste Pharaonin, 1478 v. Chr. den Weihrauch nach Ägypten.

Der nächste Haikuspaziergang in Baden-Württemberg findet zum Hohenasperg/bei Ludwigsburg statt, und zwar am Sonntag, 6. April 2025. Treffpunkt ist am Westausgang des Bahnhofs Asperg um 13:30 Uhr (S-Bahn-Verbindung sowie Parkmöglichkeiten). Anschließend gibt es Gelegenheit zum Gedankenaustausch in einem Café. Kontakt: Johann Reichsthaler, joreichsthaler@gmail.com

Mitteilungen

Neuveröffentlichungen

1. Alexander Groth: „Blütenschwarz"; Haiku aus schwierigen Lebenszeiten; 12 x 19 cm, Hardcover, matt, 76 Seiten. Rotkiefer Verlag 2024. ISBN: 978-3-949029-34-9.

2. Rita Rosen: Haiku-Heft 12 „EIN LETZTER CSÁRDÁS", präsentiert einen Querschnitt aus dem Schaffen der Haiku-Dichterin. 10,8 x 17 cm, Paperback, 48 Seiten. Rotkiefer Verlag 2024.ISBN: 978-3-949029-37-0.

3. Frank Sauer: „JahrGang", Ein Spaziergang durch das Jahr, durch Landschaften und das urbane Leben, festgehalten in Haibun, Haiku und Fotografien. 15,5 x 22 cm, Hardcover, Farb- und Schwarzweißfotografien. 272 Seiten. Rotkiefer Verlag 2024.ISBN: 978-3-949029-41-7.

4. Jürgen Polinske: „Moor und Meer", Haiku mit Fotos, Zeichnungen, Kalligrafien. 12 x 19 cm, Softcover, glänzend. 56 Seiten. Rotkiefer Verlag 2024. ISBN: 978-3-949029-36-3.

5. Gabriele Hartmann „am seidenen Faden" – Haiku 2024, Ringbindung, A6 quer. 172 Seiten, farbiges Innencover. bon-say-verlag, 2025. ISBN: 978-3-945890-57-8. Zu beziehen unter: info@bon-say.de

6. Chiyo-ni: Ausgewählte Haiku. In der Übersetzung von Thomas Hemstege. Paperback. BoD Books on Demand, edition haiku. 228 Seiten. 2025. ISBN: 9783769323498.

Sonstiges

Voraussetzungen für das Einreichen von Beiträgen für die Zeitschrift SOMMERGRAS

Die Redaktion freut sich immer über Einsendungen von Ihnen. Wie bei allen Publikationsmedien gibt es auch bei uns einige formelle Voraussetzungen, die Ihr Beitrag erfüllen muss. Wir bitten Sie um die Beachtung folgender Hinweise und danken für Ihr Verständnis.

Voraussetzung für das Einreichen von Beiträgen

- Bitte speichern Sie Ihre Datei als .docx, wenn Microsoft Word verwendet wird.
- Bei ALLEN anderen Programmen (wie zum Beispiel Open Office) müssen Sie Ihre Datei gleich (**ohne Umweg über odt!**) als .rtf speichern.
- Bitte verwenden Sie in Ihren Texten so wenige Formatierungen wie möglich.
- Verwenden Sie bitte keine weichen Zeilenumbrüche (Umschalttaste + Eingabetaste bzw. Shift + Enter).
- Schreiben Sie Ihren Text nicht im Blocksatz und führen Sie keine Silbentrennung durch.
- Schreiben Sie Ihre Haiku/Tanka/Rengay und Kettengedichte **immer untereinander. Niemals nebeneinander!**
- Bedenken Sie, dass wir Ihre Beiträge in A5 umformatieren, sodass wir Ihr gewünschtes Layout eventuell nicht realisieren können.
- Verwenden Sie Fußnoten, **keine** Endnoten.
- Die Redaktion verwendet gemäß den Empfehlungen des Deutschen Rechtschreibrats keine Genderzeichen im Wort (*, :, _).

Anforderungen an eingesandte Fotos

Bildauflösung: 300 dpi
Bildqualität:
- bei ganzseitigen Fotos (A5) mindestens 1800 x 2500 Pixel.
- bei halbseitigen Fotos (A6) mindestens 1200 x 1600 Pixel.
- Bei Smartphone-Kameras sollten Sie die höchste Auflösung einstellen.
- Die Schärfe und der Kontrast des Bildes sollten hoch genug sein, damit im Druck keine Details verloren gehen. Vermeiden Sie unscharfe oder zu stark komprimierte Bilder

Dateiformat: jpg
Farbraum: RGB
- Bitte keine Dateien über 5 MB schicken.
Unser Lektorat wird Ihre Texte vor der Veröffentlichung nach den aktuellen Empfehlungen der Duden-Redaktion korrigieren.

Sie als Verfasser/Verfasserin tragen die Verantwortung für korrekte Übersetzungen, Quellenangaben und Zitate. Mit der Einsendung Ihres Textes an die Redaktion erklären Sie, dass Ihr Text frei von Rechten Dritter ist.
Bitte senden Sie Ihre Beiträge an die E-Mail-Adresse:
redaktion@sommergras.de

Haiku- und Tan-Renga-Workshop in der Schweiz

Zum vierten Mal öffnet die Stadtbibliothek Olten (Stadtbibliothek Olten - Home) ihre Türen für einen Haiku-Workshop. Er wird geleitet von Rebekka Salm und Markus Kirchhofer, die seit 2022 gemeinsam an Tan-Renga arbeiten; (siehe Rebekka Salm & Markus Kirchhofer „Salmhofer", 1/6 - literaturblatt.ch).
Zeit: Samstag, 26. April 2025, 10–12:30 Uhr
Eine Anmeldung ist nicht erforderlich. Einfach vorbeikommen!
Für Auskünfte: Stadtbibliothek Olten, +41 (0)62 212 89 55

Haiku für ein deutsch-niederländisches Projekt

Für ein deutsch-niederländisches Druck-Projekt sucht Ingo Cesaro Haiku zum Thema: „Niederlande", aber auch Haiku von niederländischen Haiku-Autorinnen und -Autoren.

Gewünscht werden dreizeilige Kurzgedichte mit 17 Silben und dem Silbenrhythmus 5-7-5. Die Buchstaben sollen mit Einzellettern gesetzt und auf der Handnudel im Buchdruck gedruckt werden. Die Abdruckrechte gelten für diese Druckaktion, evtl. auch noch für die geplante Anthologie. Bitte maximal 3 Haiku senden an Ingo Cesaro, Joseph-Haydn-Straße 4, 96317 Kronach. Einsendeschluss: 31. Mai 2025

Auszeichnungen

Am 10. November 2024 erhielt Georges Hartmann den **ThomasBerger-Literaturpreis**.

Der Autor Georges Hartmann ist der sechste Träger des Literaturpreises, der jährlich verliehen wird und mit einem Preisgeld in Höhe von 300 Euro dotiert ist. Die Urkunde würdigt „das langjährige literarische Schaffen" des Preisträgers, „das sich durch Authentizität, kritischen Geist und feinsinnigen Humor auszeichnet."

Fujisan Award 2024

Very Excellent Award:

Swirling snow touches
your silent slumbering heart,
beloved Mount Fuji –
you feed the lakes around you
with your everlasting source

Wirbelnder Schnee berührt
dein sanft schlummerndes Herz,
geliebter Fuji –
du speist Seen ringsum
mit deiner endlosen Quelle

Willemina Preiß

Honorable Mention:

shaped like
inner landscape
Mount Fuji unveils
what I cannot express
about myself
    Stefanie Bucifal

geformt wie
eine innere Landschaft
Mount Fuji offenbart
was ich über mich
nicht zu sagen vermag

Over the bay of Tago
the peak of Fuji
shining white in the sun.
Yamabe Akehitos`s snow
melted through the centuries.
    Cornelia Rossberg

Über der Bucht von Tago
der Gipfel des Fuji
weiß glänzend in der Sonne.
Yamabe Akehitos Schnee längst
geschmolzen durch die Jahrhunderte.

Monitoring

Für das **Haiku- und Haiga-Mentoring** stellt sich Claudia Brefeld zur
Verfügung
post@claudiabrefeld.de

Das Bild für das Cover dieser Ausgabe stammt von Gabi Buschmann.
Gabi Buschmann wurde 1953 in Wiesbaden geboren und lebt in Nieder-
seelbach im Taunus. Sie ist seit 2006 passionierte Makrofotografin und
liebt es, stundenlang mit der Kamera die Natur zu erkunden. Gedichte
schreibt sie schon länger; Haiku seit 2016.

Impressum

Vierteljahresschrift der Deutschen Haiku-Gesellschaft
38. Jahrgang – März 2025 – Nummer 148

Herausgeber:	Vorstand der DHG Tel.:+49 471 41875156 E-Mail: info@haiku.de
Redaktion: **Mitarbeit:**	Horst-Oliver Buchholz, Eleonore Nickolay, Sylvia Hartmann Claudia Brefeld
Titelillustration: **Covergestaltung:**	Gabriele Buschmann Martina Khamphasith
Lektorat **Satz und Layout:**	Gabriele Buschmann, Martina Khamphasith Martina Khamphasith

Freie Mitarbeit erwünscht. Ihre Beiträge schicken Sie bitte per

E-Mail an:	Sylvia Hartmann und Eleonore Nickolay: redaktion@sommergras.de
Post an:	Petra Klingl, Wansdorfer Steig 17, 13587 Berlin

Über die Veröffentlichung der Beiträge entscheidet die Redaktion. Die Meinung unserer Autoren muss sich nicht immer mit der Meinung der Redaktion decken. Die Beiträge werden von uns sorgfältig geprüft, für die Richtigkeit, Vollständigkeit und Aktualität der Inhalte, insbesondere der fremdsprachlichen Texte, können wir jedoch keine Gewähr übernehmen.

Einsendeschluss
für die Haiku- und Tanka-Auswahl: 15. April 2025
Redaktionsschluss: 20. April 2025

Jahresabonnement Inland (inkl. Porto) 45 €
Jahresabonnement Ausland (inkl. Porto) 55 €
Einzelheftbezug Inland (inkl. Porto) 12 €
Einzelheftbezug Ausland (inkl. Porto) 14,50 €
Auslandsversand nur auf dem Land-/Seeweg.

Der Mitgliedsbeitrag beträgt 45 € im Jahr und beinhaltet die Lieferung der Zeitschrift (Inland inkl. Porto, Ausland + 10 € Porto).
Die finanzielle Unterstützung der DHG quittieren wir mit Spendenbescheinigungen.

Deutsche Haiku-Gesellschaft e. V.

Die Deutsche Haiku-Gesellschaft e. V.[1] unterstützt die Förderung und Verbreitung deutschsprachiger Lyrik in traditionellen japanischen Gattungen (Haiku, Tanka, Haibun, Haiga und Kettendichtungen) sowie die Vermittlung japanischer Kultur. Sie organisiert den Kontakt der deutschsprachigen Haiku-Dichter untereinander und pflegt Beziehungen zu entsprechenden Gesellschaften in anderen Ländern. Der Vorstand unterstützt mehrere Arbeits- und Freundeskreise in Deutschland sowie Österreich, die wiederum Mitglieder verschiedener Regionen betreuen und weiterbilden.

[1]Mitglied der Federation of International Poetry Associations (assoziiertes Mitglied der UNESCO), der Haiku International Association, Tokio, Ehrenmitglied der Haiku Society of America, New York.

Anschrift	Deutsche Haiku-Gesellschaft e. V., z. Hd. Petra Klingl, Wansdorfer Steig 17, 13587 Berlin
Vorstand	
Info/DHG-Kontakt und Redaktion	Eleonore Nickolay, eleonore.nickolay@dhg-vorstand.de
Redaktion	Horst-Oliver Buchholz, horst-oliver.buchholz@dhg-vorstand.de
Kassenwartin	Petra Klingl, petra.klingl@dhg-vorstand.de
Website	Claudia Brefeld, post@claudiabrefeld.de
Internationale Kontakte	Klaus-Dieter Wirth, kd.wirth@dhg-vorstand.de
	Peter Rudolf, peter.rudolf@dhg-vorstand.de
	Frank Sauer, frank.sauer@dhg-vorstand.de
	Tobias Tiefensee, tobias.tiefensee@dhg-vorstand.de
Bankverbindung:	Landessparkasse zu Oldenburg, BLZ 280 501 00, Kto.-Nr. 070 450 085 (BIC: SLZODE22XXX, IBAN: DE97 2805 0100 0070 4500 85)

Bibliografische Information der Deutschen Nationalbibliothek:
Die Deutsche Nationalbibliothek verzeichnet diese Publikation
in der Deutschen Nationalbibliografie;
detaillierte bibliografische Daten sind im Internet über dnb.dnb.de abrufbar.

© 2025 Deutsche Haiku-Gesellschaft e. V.
Verlag:
BoD · Books on Demand GmbH, In de Tarpen 42,
22848 Norderstedt, bod@bod.de
Druck:
Libri Plureos GmbH, Friedensallee 273,
22763 Hamburg
ISBN: 978-3-8370-0835-7